DAS ELEGANTE SUSHI SCHÜSSEL HANDBUCH

100 Schüsseln voller Freude, um Ihr Sushi-Schüssel-Erlebnis zu verbessern

Margarete Mayer

Urheberrechtliches Material ©2024

Alle Rechte vorbehalten

Kein Teil dieses Buches darf ohne die entsprechende schriftliche Zustimmung des Herausgebers und Urheberrechtsinhabers in irgendeiner Form oder auf irgendeine Weise verwendet oder übertragen werden, mit Ausnahme von kurzen Zitaten, die in einer Rezension verwendet werden. Dieses Buch sollte nicht als Ersatz für medizinische, rechtliche oder andere professionelle Beratung betrachtet werden.

INHALTSVERZEICHNIS _

INHALTSVERZEICHNIS _ 3
EINFÜHRUNG 7
DEKONSTRUIERTE SUSHI-SCHALEN 8
   1. DEKONSTRUIERTE KALIFORNIEN ROLLEN SUSHI-SCHÜSSEL 9
   2. DEKONSTRUIERTE WÜRZIGE THUNFISCH-SUSHI-SCHÜSSEL 11
   3. DEKONSTRUIERTE DRACHEN ROLLEN SUSHI-SCHÜSSEL 13
   4. DEKONSTRUIERTE WÜRZIGE LACHS-SUSHI-SCHÜSSEL 15
   5. DEKONSTRUIERTE REGENBOGEN-ROLLEN-SUSHI-SCHÜSSEL 17
   6. DEKONSTRUIERTE GARNELEN-TEMPURA-SUSHI-SCHÜSSEL 19
   7. DEKONSTRUIERTE PHILLY ROLLEN SUSHI-SCHÜSSEL 21
   8. DEKONSTRUIERTE DYNAMIT ROLLEN SUSHI-SCHÜSSEL 23
   9. DEKONSTRUIERTE VEGGIE-ROLLEN-SUSHI-SCHÜSSEL 25

SUSHI-SCHALEN MIT FISCH UND MEERESFRÜCHTEN 27
   10. KAISEN (FRISCHES SASHIMI AUF EINER SCHÜSSEL REIS) 28
   11. GERÄUCHERTE MAKRELE CHIRASHI 30
   12. OYAKODO (LACHS UND LACHSROGEN) 32
   13. WÜRZIGE HUMMER-SUSHI-SCHÜSSEL 34
   14. THUNFISCH MIT AVOCADO-SUSHI-SCHÜSSEL 36
   15. FRISCHER LACHS UND AVOCADO-SUSHI-SCHÜSSEL 39
   16. LACHS MIT AVOCADO-SESAM-DRESSING 41
   17. DYNAMIT JAKOBSMUSCHEL-SUSHI-SCHÜSSEL 43
   18. DRACHENFRUCHT- UND LACHS- SUSHI-SCHÜSSEL 45
   19. THUNFISCH- SUSHI-SCHÜSSEL MIT MANGO 47
   20. WÜRZIGE THUNFISCH -SUSHI-SCHÜSSEL 49
   21. SHOYU UND WÜRZIGE MAYO-LACHS- SUSHI-SCHÜSSEL 51
   22. KALIFORNIEN NACHGEMACHTE KRABBESUSHI SCHÜSSEL S 54
   23. WÜRZIGE KRABBEN -SUSHI-SCHÜSSEL S 56
   24. CREMIGE SRIRACHA-GARNELEN -SUSHI-SCHÜSSEL S 59
   25. GEBRATENER THUNFISCH -SUSHI-SCHÜSSEL S 62
   26. GARNELEN-ANANAS -SUSHI-SCHÜSSEL 64
   27. OKTOPUS- UND ALGEN- SUSHI-SCHÜSSEL 66

28. GELBSCHWANZ- SUSHI-SCHÜSSEL 68
29. JAKOBSMUSCHEL- UND MANGO- SUSHI-SCHÜSSEL 70
30. WÜRZIGE THUNFISCH-RETTICH -SUSHI-SCHÜSSEL 72
31. SUSHI-SCHÜSSEL MIT GERÄUCHERTEM LACHS UND SPARGEL 74
32. MIT MISO MARINIERTE SCHWERTFISCH- SUSHI-SCHÜSSEL 76
33. HUMMER- UND AVOCADO- SUSHI-SCHÜSSEL 78
34. THUNFISCH- UND WASSERMELONEN -SUSHI-SCHÜSSEL 80
35. HÜLSE-WEICH-KRABBEN -SUSHI-SCHÜSSEL 82
36. GEGRILLTE MAHI-MAHI- UND ANANAS -SUSHI-SCHÜSSEL 84

GEMÜSE-SUSHI-SCHALEN 86

37. TOFU- UND GEMÜSE- SUSHI-SCHÜSSEL 87
38. TEMPEH- SUSHI-SCHÜSSEL 89
39. PILZSCHÜSSEL MIT SESAMKRUSTE 92
40. GENERAL TSOS TOFU- SUSHI-SCHÜSSEL 95
41. POKÉ SCHÜSSEL MIT TOMATEN-SASHIMI 98
42. VEGANE SUSHI-SCHÜSSEL MIT TAHINI-SOßE 102
43. SCHÜSSEL MIT ALGENREIS 105
44. SUSHI-SCHÜSSEL ZUM ANBRATEN 107
45. KNUSPRIG GEBRATENE TOFU-SUSHI-SCHÜSSEL 109
46. RATATOUILLE-SUSHI-SCHÜSSEL 112
47. AVOCADO-SUSHI-SCHÜSSEL 114
48. SUSHI-SCHÜSSEL MIT EI, KÄSE UND GRÜNEN BOHNEN 116
49. AVOCADO- UND KICHERERBSEN -SUSHI-SCHÜSSEL 118

FRUCHT-SUSHI-SCHALEN 120

50. PFIRSICH-SUSHI-SCHÜSSEL 121
51. ORANGEFARBENE SUSHI-BECHER 123
52. TROPISCHE PARADIES-FRÜCHTE-SUSHI-SCHÜSSEL 125
53. BEERE WONNE OBST-SUSHI-SCHÜSSEL 127
54. CITRUS GENUSSFRUCHTSUSHI-SCHÜSSEL 129
55. SCHOKOLADEN-BANANEN-FRUCHT-SUSHI-SCHÜSSEL 131
56. APFEL-ZIMT-BRÖTCHEN-FRUCHT-SUSHI-SCHÜSSEL 133
57. KIWI-ERDBEER-MINZ-FRÜCHTE-SUSHI-SCHÜSSEL 135
58. PINA COLADA OBST-SUSHI-SCHÜSSEL 137
59. MANGO AVOCADO WONNE OBST SUSHI SCHÜSSEL 139

RINDFLEISCH-SUSHI-SCHALEN 141

60. TERIYAKI-RINDFLEISCH -SUSHI-SCHÜSSEL 142
61. KOREANISCHE BULGOGI-RINDFLEISCH -SUSHI-SCHÜSSEL 144
62. THAILÄNDISCHE BASILIKUM-RINDFLEISCH -SUSHI-SCHÜSSEL 146
63. WÜRZIGE SUSHI-SCHÜSSEL MIT SRIRACHA-RINDFLEISCH 148
64. KNOBLAUCH-LIMETTEN-FELSENSTEAK -SUSHI-SCHÜSSEL 150
65. KORIANDER-LIMETTEN-RINDFLEISCH -SUSHI-SCHÜSSEL 152
66. RAUCHIG CHIPOTLE BEEF SUSHI SCHÜSSEL 154
67. HOISIN-INGWER-RINDFLEISCH -SUSHI-SCHÜSSEL 156
68. STEAK- UND AVOCADO-SUSHI-SCHÜSSEL 158
69. SESAM-INGWER-RINDFLEISCH-SUSHI-SCHÜSSEL 160
70. KNUSPRIGE RINDFLEISCH-TEMPURA-SUSHI-SCHÜSSEL 162
71. MEXIKANISCHE RINDFLEISCH-FAJITA-SUSHI-SCHÜSSEL 164
72. PHILLY KÄSESTEAK SUSHI-SCHÜSSEL 166
73. TANGO-SUSHI-SCHÜSSEL MIT RINDFLEISCH UND MANGO 168
74. SATAY-RINDFLEISCH-SUSHI-SCHÜSSEL 170

SCHWEINESUSHI-SCHALEN 172

75. SUSHI-SCHÜSSEL MIT SCHINKEN UND PFIRSICH 173
76. GEGRILLTE KURZE RIPPCHEN-SUSHI-SCHÜSSEL 175
77. TERIYAKI-SCHWEINEFLEISCH -SUSHI-SCHÜSSEL 178
78. WÜRZIGE SRIRACHA-SCHWEINEFLEISCH -SUSHI-SCHÜSSEL 180
79. ANANAS-INGWER-SCHWEINEFLEISCH -SUSHI-SCHÜSSEL 182
80. KOREANISCHE BBQ-SCHWEINEFLEISCH -SUSHI-SCHÜSSEL 184
81. THAILÄNDISCHE BASILIKUM-SCHWEINEFLEISCH -SUSHI-SCHÜSSEL 186
82. BBQ GEZOGENES SCHWEINEFLEISCHSUSHI SCHÜSSEL 188
83. MIT APFELWEIN GLASIERTE SCHWEINEFLEISCH -SUSHI-SCHÜSSEL 190
84. HONIG-SENF-SCHWEINEFLEISCH -SUSHI-SCHÜSSEL 192
85. WÜRZIGE SCHWEINEFLEISCH-ROLLEN-SUSHI-SCHÜSSEL 194
86. SCHWEINEBAUCH-BIBIMBAP-SUSHI-SCHÜSSEL 196
87. SUSHI-SCHÜSSEL MIT SCHINKEN UND ANANAS 198
88. SPECK-AVOCADO-SUSHI-SCHÜSSEL 200
89. FRÜHSTÜCKS-SUSHI-SCHÜSSEL MIT WURST UND EIERN 202

GEFLÜGEL-SUSHI-SCHALEN 204

90. TERIYAKI-HÜHNCHEN -SUSHI-SCHÜSSEL 205
91. MANGO-SOßE-HÜHNCHEN -SUSHI-SCHÜSSEL..207
92. SÜßE CHILI-LIMETTEN-HÜHNCHEN -SUSHI-SCHÜSSEL 209

93. Orange-Ingwer-glasierte Truthahn -Sushi-Schüssel 211
94. Enten-Sushi-Schüssel..213
95. Sushi-Schüssel mit Koriander-Limetten-Hühnchen und schwarzen Bohnen 215
96. BBQ-Truthahn-Sushi-Schüssel 217
97. Sesam-Ingwer-Hühnchen-Sushi-Schüssel 219
98. Lachs-Avocado-Hühnchen-Sushi-Schüssel..221
99. Mango-Limetten-Truthahn-Sushi-Schüssel 223
100. Knusprige Tempura-Hühnchen-Sushi-Schüssel 225

ABSCHLUSS.. 227

EINFÜHRUNG

Willkommen beim „Das Elegante Sushi Schüssel Handbuch", Ihrem ultimativen Leitfaden, um Ihr Sushi-Schüssel-Erlebnis mit 100 Schüsseln voller Freude zu bereichern. Dieses Handbuch ist eine Hommage an Kreativität, Aromen und die Kunst, Sushi-Schalen herzustellen, die nicht nur köstlich, sondern auch elegant präsentiert sind. Begleiten Sie uns auf einer kulinarischen Reise, die das traditionelle Sushi-Erlebnis in eine köstliche Schüssel voller Freude verwandelt.

Stellen Sie sich einen Tisch vor, der mit farbenfrohen und kunstvoll arrangierten Sushi-Schalen geschmückt ist, jede einzelne ein Meisterwerk an Geschmack und Textur. „Das Elegante Sushi Schüssel Handbuch" ist nicht nur eine Rezeptsammlung; Es ist eine Erkundung der Zutaten, der Präsentation und der Freude, personalisierte Sushi-Schüssel-Erlebnisse zu kreieren. Egal, ob Sie ein erfahrener Sushi-Enthusiast oder ein Neuling in der Welt des Sushis sind, diese Rezepte sollen Sie dazu inspirieren, Ihre Sushi-Schüssel-Abenteuer neu zu erfinden und zu verbessern.

Von klassischen Sushi-Zutaten bis hin zu einfallsreichen Kombinationen ist jede Schüssel eine Hommage an die Frische, Ausgewogenheit und Eleganz, die Sushi-Schalen auf Ihren Tisch bringen. Egal, ob Sie einen Sushi-Abend mit Freunden veranstalten oder alleine ein kulinarisches Abenteuer genießen, dieses Handbuch ist Ihre Anlaufstelle für die Zubereitung von Sushi-Schüsseln, die sowohl sättigend als auch optisch beeindruckend sind.

Tauchen Sie mit uns ein in die Welt der eleganten Sushi-Schalen, wo jede Kreation ein Beweis für die Freude und Kunstfertigkeit dieses beliebten kulinarischen Erlebnisses ist. Ziehen Sie also Ihre Schürze an, lassen Sie sich von der Kreativität inspirieren und begeben Sie sich auf eine geschmackvolle Reise durch „Das Elegante Sushi Schüssel Handbuch".

DEKONSTRUIERTE SUSHI-SCHALEN

1. Dekonstruierte Kalifornien Rollen Sushi-Schüssel

ZUTATEN:
- 1 Tasse Sushi-Reis, gekocht
- 1/2 Tasse Krabbenimitat oder echte Krabbe, zerkleinert
- 1/2 Avocado, in Scheiben geschnitten
- 1/4 Gurke, julieniert
- Sesamsamen zum Garnieren
- Nori-Streifen als Topping
- SojaSoße und eingelegter Ingwer zum Servieren

ANWEISUNGEN:
a) Den gekochten Sushi-Reis in einer Schüssel verteilen.
b) Die zerkleinerten Krabben, die Avocadoscheiben und die Julienne-Gurke darauf verteilen.
c) Zum Garnieren Sesam darüber streuen.
d) Mit Noristreifen belegen.
e) Mit SojaSoße und eingelegtem Ingwer als Beilage servieren.
f) Genießen Sie die dekonstruierte Kalifornien-Rollen-Sushi-Schüssel!

2.Dekonstruierte würzige Thunfisch-Sushi-Schüssel

ZUTATEN:
- 1 Tasse Sushi-Reis, gekocht
- 1/2 Tasse scharfer Thunfisch, gehackt
- 1/4 Tasse Edamame-Bohnen, gedünstet
- 1/4 Tasse Radieschen, in dünne Scheiben geschnitten
- Sriracha-Mayonnaise zum Beträufeln
- Avocadoscheiben zum Garnieren
- Sesamsamen zum Bestreuen

ANWEISUNGEN:
a) Den gekochten Sushi-Reis in einer Schüssel verteilen.
b) Gehackten scharfen Thunfisch, gedünstete Edamame-Bohnen und geschnittene Radieschen darauf legen.
c) Sriracha-Mayonnaise über die Schüssel träufeln.
d) Mit Avocadoscheiben garnieren und mit Sesam bestreuen.
e) Genießen Sie die dekonstruierte würzige Thunfisch-Sushi-Schüssel!

3. Dekonstruierte Drachen Rollen Sushi-Schüssel

ZUTATEN:
- 1 Tasse Sushi-Reis, gekocht
- 1/2 Tasse Aal, gegrillt und in Scheiben geschnitten
- 1/4 Tasse Avocado, in Scheiben geschnitten
- 1/4 Tasse Gurke, julieniert
- AalSoße zum Beträufeln
- Tobiko (Fischrogen) als Belag
- Eingelegter Ingwer zum Servieren

ANWEISUNGEN:
a) Den gekochten Sushi-Reis in einer Schüssel verteilen.
b) Gegrillte Aalscheiben, Avocado und Julienne-Gurke darauf anrichten.
c) AalSoße über die Schüssel träufeln.
d) Mit Tobiko belegen.
e) Mit eingelegtem Ingwer als Beilage servieren.
f) Genießen Sie die dekonstruierte Drachen Rollen Sushi-Schale!

4. Dekonstruierte würzige Lachs-Sushi-Schüssel

ZUTATEN:
- 1 Tasse Sushi-Reis, gekocht
- 1/2 Tasse würziger Lachs, gewürfelt
- 1/4 Tasse Mango, gewürfelt
- 1/4 Tasse Gurke, gewürfelt
- Würzige Mayonnaise zum Beträufeln
- Frühlingszwiebeln zum Garnieren
- Sesamsamen zum Bestreuen

ANWEISUNGEN:
a) Den gekochten Sushi-Reis in einer Schüssel verteilen.
b) Gewürfelten würzigen Lachs, gewürfelte Mango und gewürfelte Gurke darauf legen.
c) Würzige Mayonnaise über die Schüssel träufeln.
d) Mit gehackten Frühlingszwiebeln garnieren und mit Sesam bestreuen.
e) Genießen Sie die dekonstruierte, würzige Lachs-Sushi-Schüssel!

5. Dekonstruierte Regenbogen-Rollen-Sushi-Schüssel

ZUTATEN:
- 1 Tasse Sushi-Reis, gekocht
- 1/2 Tasse Krabben oder Krabbenimitat, zerkleinert
- 1/4 Tasse Avocado, in Scheiben geschnitten
- 1/4 Tasse Gurke, julieniert
- 1/4 Tasse Karotten, julieniert
- 1/4 Tasse Mango, in Scheiben geschnitten
- Nori-Streifen als Topping
- SojaSoße und eingelegter Ingwer zum Servieren

ANWEISUNGEN:
a) Den gekochten Sushi-Reis in einer Schüssel verteilen.
b) Gehackte Krabben, Avocadoscheiben, Julienne-Gurke, Karotten und Mango darauf verteilen.
c) Mit Noristreifen belegen.
d) Mit SojaSoße und eingelegtem Ingwer als Beilage servieren.
e) Genießen Sie die farbenfrohe und dekonstruierte Rainbow Rollen Sushi-Schale!

6. Dekonstruierte Garnelen-Tempura-Sushi-Schüssel

ZUTATEN:
- 1 Tasse Sushi-Reis, gekocht
- 1/2 Tasse Garnelen-Tempura, in Scheiben geschnitten
- 1/4 Tasse Avocado, in Scheiben geschnitten
- 1/4 Tasse Gurke, julieniert
- 1/4 Tasse Radieschen, in dünne Scheiben geschnitten
- Tempura-Dip zum Beträufeln
- Sesamsamen zum Garnieren

ANWEISUNGEN:
a) Den gekochten Sushi-Reis in einer Schüssel verteilen.
b) Legen Sie geschnittenes Garnelen-Tempura, Avocado, Julienne-Gurke und geschnittene Radieschen darauf.
c) Die Tempura-Dip-Soße über die Schüssel träufeln.
d) Zum Garnieren Sesam darüber streuen.
e) Genießen Sie die dekonstruierte Garnelen-Tempura-Sushi-Schüssel!

7. Dekonstruierte Philly Rollen Sushi-Schüssel

ZUTATEN:
- 1 Tasse Sushi-Reis, gekocht
- 1/2 Tasse geräucherter Lachs, in Scheiben geschnitten
- 1/4 Tasse Frischkäse, weich
- 1/4 Tasse Gurke, julieniert
- 1/4 Tasse rote Zwiebel, in dünne Scheiben geschnitten
- Alles Bagelgewürz zum Garnieren
- Kapern zum Garnieren

ANWEISUNGEN:
a) Den gekochten Sushi-Reis in einer Schüssel verteilen.
b) In Scheiben geschnittenen Räucherlachs, weichen Frischkäse, Julienne-Gurken und dünn geschnittene rote Zwiebeln darauf anrichten.
c) Zum Bestreuen alles mit Bagelgewürz bestreuen.
d) Mit Kapern garnieren.
e) Genießen Sie die dekonstruierte Philly Rollen Sushi-Schale!

8. Dekonstruierte Dynamit Rollen Sushi-Schüssel

ZUTATEN:
- 1 Tasse Sushi-Reis, gekocht
- 1/2 Tasse Garnelen, in Tempura gebraten oder gekocht
- 1/4 Tasse scharfe Mayonnaise
- 1/4 Tasse Avocado, gewürfelt
- 1/4 Tasse Gurke, gewürfelt
- Tobiko (Fischrogen) als Belag
- Frühlingszwiebeln zum Garnieren

ANWEISUNGEN:
a) Den gekochten Sushi-Reis in einer Schüssel verteilen.
b) Legen Sie in Tempura gebratene oder gekochte Garnelen darauf.
c) Würzige Mayonnaise über die Schüssel träufeln.
d) Gewürfelte Avocado und Gurke hinzufügen.
e) Mit Tobiko belegen.
f) Mit gehackten Frühlingszwiebeln garnieren.
g) Genießen Sie die dekonstruierte Dynamit Rollen Sushi-Schale!

9. Dekonstruierte Veggie-Rollen-Sushi-Schüssel

ZUTATEN:
- 1 Tasse Sushi-Reis, gekocht
- 1/2 Tasse Tofu, gewürfelt und in der Pfanne gebraten
- 1/4 Tasse Avocado, in Scheiben geschnitten
- 1/4 Tasse Gurke, julieniert
- 1/4 Tasse Karotten, julieniert
- 1/4 Tasse rote Paprika, in dünne Scheiben geschnitten
- SojaSoße und Sesamöl-Dressing
- Sesamsamen zum Garnieren

ANWEISUNGEN:
a) Den gekochten Sushi-Reis in einer Schüssel verteilen.
b) Gebratenen Tofu, Avocadoscheiben, Julienne-Gurke, Karotten und geschnittene rote Paprika darauf legen.
c) Zum Dressing mit einer Mischung aus SojaSoße und Sesamöl beträufeln.
d) Zum Garnieren Sesam darüber streuen.
e) Genießen Sie die dekonstruierte Veggie-Rollen-Sushi-Schüssel, eine erfrischende und pflanzliche Option!

SUSHI-SCHALEN MIT FISCH UND MEERESFRÜCHTEN

10. Kaisen (frisches Sashimi auf einer Schüssel Reis)

ZUTATEN:
- 800 g (5 Tassen) gewürzter Sushi-Reis

Toppings
- 240 g Lachs in Sashimi-Qualität
- 160 g (5½ oz) Thunfisch in Sashimi-Qualität
- 100 g (3½ oz) Wolfsbarsch in Sashimi-Qualität
- 100 g (3½ oz) gekochte Garnelen (Garnelen)
- 4 rote Radieschen, zerkleinert
- 4 Shiso-Blätter
- 40 g (1½ oz) Lachsrogen

DIENEN
- eingelegtem Ingwer
- Wasabipaste
- SojaSoße

ANWEISUNGEN:

a) Das Lachsfilet in 16 Scheiben schneiden, den Thunfisch und den Wolfsbarsch jeweils in 12 Scheiben. Achten Sie darauf, quer zur Faser zu schneiden, um sicherzustellen, dass der Fisch zart ist.

b) Zum Servieren den Sushi-Reis auf vier einzelne Schüsseln verteilen und die Reisoberfläche flach drücken. Mit Lachs, Thunfisch, Wolfsbarsch und Garnelen belegen und in überlappenden Scheiben anordnen.

c) Mit zerkleinerten roten Radieschen, Shiso-Blättern und Lachsrogen garnieren.

d) Mit eingelegtem Ingwer als Gaumenreiniger und Wasabi und SojaSoße nach Geschmack servieren.

11. Geräucherte Makrele Chirashi

ZUTATEN:
- ½ Gurke
- ¼ Teelöffel feines Salz
- 200 g (7 oz) geräucherte Makrelenfilets, ohne Knochen und ohne Haut
- 40 g (1½ oz) eingelegter Ingwer, fein gehackt
- 1 Frühlingszwiebel (Frühlingszwiebel), fein geschnitten
- 2 Teelöffel fein gehackter Dill
- 2 Esslöffel geröstete weiße Sesamkörner
- 800 g (5 Tassen) gewürzter Sushi-Reis
- 1 Blatt Nori, in Stücke gerissen
- dunkle SojaSoße zum Servieren

ANWEISUNGEN:

a) Die Gurke möglichst dünn schneiden und mit Salz bestreuen. Reiben Sie die Gurke leicht ein und lassen Sie sie 10 Minuten einwirken. Dadurch wird überschüssiges Wasser aus der Gurke entfernt, damit sie knusprig bleibt.

b) Drücken Sie überschüssiges Wasser mit der Hand aus der Gurke.

c) Die geräucherte Makrele in kleine Stücke brechen.

d) Gurke, geräucherte Makrele, eingelegter Ingwer, Frühlingszwiebel (Frühlingszwiebel), Dill und weiße Sesamkörner zum Reis geben. Gut vermischen, um die Zutaten gleichmäßig zu verteilen.

e) In einzelnen Schüsseln oder einer großen Schüssel zum Teilen servieren. Mit Nori bestreuen und je nach Geschmack mit dunkler SojaSoße beträufeln.

12. Oyakodo (Lachs und Lachsrogen)

ZUTATEN:
- 400 g (2½ Tassen) gewürzter Sushi-Reis

Toppings
- 400 g Lachs in Sashimi-Qualität
- 200 g (7 oz) marinierter Lachsrogen
- 4 Baby-Shiso-Blätter
- Limetten- oder Zitronenscheiben

DIENEN
- eingelegtem Ingwer
- Wasabipaste
- SojaSoße
- Nori-Streifen (optional)

ANWEISUNGEN:

a) Den Lachs in dünne Scheiben schneiden. Achten Sie darauf, quer zur Faser zu schneiden, um sicherzustellen, dass der Fisch zart ist.

b) Geben Sie den Sushi-Reis in vier einzelne Schüsseln und glätten Sie die Reisoberfläche. Mit Sashimi-Lachs und Lachsrogen belegen. Mit den Baby-Shiso-Blättern und Limetten- oder Zitronenscheiben garnieren.

c) Mit eingelegtem Ingwer als Gaumenreiniger und Wasabi und SojaSoße nach Geschmack servieren. Nach Belieben mit Noristreifen bestreuen, um den Geschmack zu verstärken.

13. Würzige Hummer-Sushi-Schüssel

ZUTATEN:
- 1½ Tassen (300 g) zubereiteter traditioneller Sushi-Reis
- 1 Teelöffel fein geriebene frische Ingwerwurzel
- Ein 8 oz (250 g) gedämpfter Hummerschwanz, von der Schale befreit und in Medaillons geschnitten
- 1 Kiwi, geschält und in dünne Scheiben geschnitten
- 2 Teelöffel gehackte Frühlingszwiebeln (Frühlingszwiebeln), nur die grünen Teile
- Eine Handvoll spiralförmig geschnittener Daikon-Rettich
- 2 frische Korianderzweige (Korianderstreifen)
- 2 Esslöffel Drachensaft oder mehr nach Geschmack

ANWEISUNGEN:
a) Bereiten Sie den Sushi-Reis und den Drachensaft vor.
b) Befeuchten Sie Ihre Fingerspitzen, bevor Sie den Sushi-Reis auf zwei kleine Servierschüsseln verteilen. Die Oberfläche des Reises in jeder Schüssel vorsichtig flach drücken. Verteilen Sie mit einem Löffel einen halben Teelöffel der geriebenen frischen Ingwerwurzel auf dem Reis in jeder Schüssel.
c) Die Hummermedaillons und die Kiwis halbieren. Abwechselnd eine Hälfte der Hummerscheiben mit einer Hälfte der Kiwischeiben über dem Reis in einer Schüssel verteilen, dabei einen kleinen Raum frei lassen. Wiederholen Sie das Muster in der anderen Schüssel. 1 Teelöffel der gehackten Frühlingszwiebeln vor jeder Schüssel aufhäufen. Den spiralförmig geschnittenen Daikon-Rettich auf die beiden Schüsseln verteilen und den leeren Raum auffüllen.
d) Zum Servieren einen frischen Korianderzweig vor den Daikon-Rettich in jede Schüssel stellen. 1 Esslöffel Drachensaft über den Hummer und die Kiwis in jede Schüssel geben.

14. Thunfisch mit Avocado-Sushi-Schüssel

ZUTATEN:
- 1 Avocado, geschält und entsteint
- frisch gepresster Saft von 1 Limette
- 800 g (5 Tassen) gewürzter brauner Sushi-Reis
- 1 Schalotte oder rote Zwiebel, fein gehackt und in Wasser eingeweicht
- eine Handvoll gemischte Salatblätter
- 2 Esslöffel Schalottenchips (optional)

THUNFISCH
- 1 Esslöffel geriebener Knoblauch
- 1 Esslöffel geriebener Ingwer
- 2 Esslöffel Pflanzenöl
- 500 g (1 lb 2 oz) Thunfischsteaks in Sashimi-Qualität, Meersalz und frisch gemahlener schwarzer Pfeffer

DRESSING
- 4 Esslöffel Reisessig
- 4 Esslöffel helle SojaSoße
- 4 Esslöffel Mirin
- 4 Teelöffel geröstetes Sesamöl
- frisch gepresster Saft von 1 Limette
- 1 Teelöffel Zucker
- eine Prise Salz

ANWEISUNGEN:

a) Um den Thunfisch zuzubereiten, vermischen Sie in einer kleinen Schüssel Knoblauch, Ingwer und Öl. Verteilen Sie dies auf beiden Seiten jedes Thunfischsteaks und würzen Sie es dann mit Salz und Pfeffer.

b) Eine Grillpfanne erhitzen und die Thunfischsteaks auf jeder Seite 1 Minute scharf anbraten.

c) Lassen Sie den Thunfisch abkühlen und schneiden Sie ihn dann in 2 cm große Würfel.

d) Für das Dressing alle Zutaten vermischen.

e) Schneiden Sie die Avocado in große Würfel und drücken Sie dann den Limettensaft darüber, damit das Fruchtfleisch nicht braun wird.

f) Den braunen Sushi-Reis in Schüsseln geben und mit Thunfischwürfeln, Avocado, Schalotte oder roten Zwiebeln und gemischten Blättern belegen. Kurz vor dem Servieren das Dressing darüber gießen. Für noch mehr Knusprigkeit ggf. Schalottenchips darauf verteilen.

15. Frischer Lachs und Avocado-Sushi-Schüssel

ZUTATEN:
- 1½ Tassen (300 g) zubereiteter traditioneller Sushi-Reis
- ¼ kleines Jicama, geschält und in Streichhölzer geschnitten
- ½ Jalapeño-Chilischote, entkernt und grob gehackt
- Saft einer halben Limette
- 4 Esslöffel Sushi-Reis-Dressing
- 200 g frischer Lachs, in Scheiben geschnitten
- ¼ Avocado, geschält, entkernt und in dünne Scheiben geschnitten
- 2 gehäufte Esslöffel Lachsrogen (Ikura), optional
- 2 Zweige frischer Koriander (Koriander) zum Garnieren

ANWEISUNGEN:
a) Bereiten Sie den Sushi-Reis und das Sushi-Reis-Dressing vor.
b) Mischen Sie die Jicama-Streichhölzer, gehackten Jalapeño, Limettensaft und das Sushi-Reis-Dressing in einer kleinen Schüssel (nicht aus Metall). Lassen Sie die Aromen mindestens 10 Minuten lang vermischen. Lassen Sie die Flüssigkeit von der Jicama-Mischung abtropfen.
c) Stellen Sie zwei kleine Schüsseln bereit. Befeuchten Sie Ihre Fingerspitzen, bevor Sie ¾ Tasse (150 g) Sushi-Reis in jede Schüssel geben. Die Oberfläche des Reises vorsichtig flach drücken. Auf jede Schüssel die Hälfte der marinierten Jicama häufen. Die Lachs- und Avocadoscheiben auf die beiden Schüsseln verteilen und jeweils in einem attraktiven Muster über dem Reis anordnen. In jede Schüssel 1 gehäuften Esslöffel Lachsrogen geben, falls verwendet.
d) Zum Servieren jede Schüssel mit einem frischen Korianderzweig und Ponzu-Soße belegen. SojaSoße.

16. Lachs mit Avocado-Sesam-Dressing

ZUTATEN:
- 1 Esslöffel geröstetes Sesamöl
- 2 Esslöffel Pflanzenöl
- 1 Esslöffel Mandelblättchen
- 2 Knoblauchzehen, in dünne Scheiben geschnitten
- 2 Teelöffel fein gehackter Ingwer
- 3 Esslöffel dunkle SojaSoße
- 2 Esslöffel Mirin
- 2 Esslöffel geröstete weiße Sesamkörner
- 800 g (5 Tassen) gewürzter Sushi-Reis
- 500 g Lachs in Sashimi-Qualität, in Würfel geschnitten
- 1 Avocado, in 2 cm große Würfel schneiden und mit 1 Teelöffel frisch gepresstem Zitronensaft vermischen, damit sie nicht braun werden
- 2 rote Radieschen, in dünne Scheiben geschnitten
- Sesam-Dressing
- eine Handvoll Salatblätter

ANWEISUNGEN:

a) Sesamöl und Pflanzenöl bei mittlerer Hitze in einen Topf geben. Wenn es heiß wird (aber nicht bei hohem Rauchpunkt), die Mandeln und den Knoblauch hinzufügen und goldbraun braten. Wenn möglich, kippen Sie die Pfanne, um das Öl in einer Ecke der Pfanne zu sammeln, da dies für ein gleichmäßiges und schnelles Garen sorgt. Achten Sie darauf, den Knoblauch oder die Mandeln nicht zu verbrennen, da sie sonst bitter werden.

b) Schalten Sie den Herd aus und nehmen Sie die Knoblauchchips und Mandeln aus der Pfanne. Lassen Sie das Öl mit Papiertüchern aus der Pfanne abtropfen.

c) Den Ingwer in die Pfanne geben, solange das Öl noch heiß ist. Der Ingwer gart in der Restwärme.

d) Wenn das Öl abgekühlt ist, fügen Sie die dunkle SojaSoße, Mirin und die gerösteten Sesamkörner hinzu.

e) Den Sushi-Reis in eine Schüssel geben und mit gewürfeltem Lachs, Avocado und roten Radieschen belegen. Fügen Sie die Salatblätter hinzu und gießen Sie das Dressing kurz vor dem Servieren darüber.

17. Dynamit Jakobsmuschel-Sushi-Schüssel

ZUTATEN:
- 2 Tassen (400 g) zubereiteter traditioneller Sushi-Reis
- 2 Teelöffel gehackte Frühlingszwiebeln (Frühlingszwiebeln), nur die grünen Teile
- ¼ englische Gurke (japanische Gurke), entkernt und in kleine Würfel geschnitten
- 2 Krabbenstäbchenimitat, Beinform, zerkleinert
- 250 g frische Jakobsmuscheln, geschält, gekocht und warm gehalten
- 4 gehäufte Esslöffel scharfe Mayonnaise oder mehr nach Geschmack
- 2 Teelöffel geröstete Sesamkörner

ANWEISUNGEN:
a) Bereiten Sie den Sushi-Reis und die würzige Mayonnaise vor.
b) Sammeln Sie 4 Martini-Gläser. Geben Sie einen halben Teelöffel gehackte Frühlingszwiebeln auf den Boden jedes Glases.
c) Den Sushi-Reis und die Gurkenwürfel in eine kleine Schüssel geben. Gut mischen.
d) Befeuchten Sie Ihre Fingerspitzen, bevor Sie die Reis-Gurken-Mischung auf die einzelnen Gläser verteilen. Die Oberfläche des Reises vorsichtig flach drücken.
e) Teilen Sie die zerkleinerte Krabbenstange auf die Gläser auf. In jedes Glas ¼ der warmen Jakobsmuscheln geben.
f) Geben Sie einen gehäuften Esslöffel würzige Mayonnaise über den Inhalt jedes Glases. Mit einem Kochbrenner die würzige Mayonnaise etwa 15 Sekunden lang anbraten, bis sie Blasen bildet.
g) Streuen Sie vor dem Servieren einen halben Teelöffel der gerösteten Sesamkörner über jedes Glas.

18. Drachenfrucht- und Lachs- Sushi-Schüssel

ZUTATEN:
- 1 Drachenfrucht
- 1 Pfund Lachs in Sushi-Qualität, gewürfelt
- ½ Tasse geschnittene Gurke
- ½ Tasse geschnittene Avocado
- ¼ Tasse geschnittene Frühlingszwiebeln
- 2 Esslöffel SojaSoße
- 2 Esslöffel Reisessig
- 1 Esslöffel Sesamöl
- Salz und Pfeffer nach Geschmack
- Traditioneller gekochter Sushi-Reis zum Servieren

ANWEISUNGEN:
a) Die Drachenfrucht halbieren und das Fruchtfleisch herauslöffeln.
b) In einer großen Schüssel Lachs, Gurke, Avocado und Frühlingszwiebeln vermengen.
c) In einer separaten Schüssel SojaSoße, Reisessig, Sesamöl, Salz und Pfeffer verrühren.
d) Das Dressing unter die Lachsmischung heben, bis alles gut vermischt ist.
e) Das Fruchtfleisch der Drachenfrucht unterheben.
f) Über gekochtem Reis servieren.

19. Thunfisch- Sushi-Schüssel mit Mango

ZUTATEN:
- 60 ml SojaSoße (¼ Tasse + 2 Esslöffel)
- 30 ml Pflanzenöl (2 Esslöffel)
- 15 ml Sesamöl (1 Esslöffel)
- 30 ml Honig (2 Esslöffel)
- 15 ml Sambal Oelek (1 Esslöffel, siehe Hinweis)
- 2 Teelöffel frisch geriebener Ingwer (siehe Hinweis)
- 3 Frühlingszwiebeln, in dünne Scheiben geschnitten (weißer und grüner Teil)
- 454 Gramm Ahi-Thunfisch in Sushi-Qualität (1 Pfund), in ¼ oder ½ Zoll große Stücke gewürfelt
- 2 Tassen Sushi-Reis, nach Packungsanweisung gekocht (ersetzen Sie ihn durch anderen Reis oder Getreide)

OPTIONALE TOPPINGS:
- Geschnittene Avocado
- In Scheiben geschnittene Gurke
- Edamame
- Eingelegtem Ingwer
- Geschnittene Mango
- Kartoffelchips oder Wan-Tan-Chips
- Sesamsamen

ANWEISUNGEN:

a) In einer mittelgroßen Schüssel SojaSoße, Pflanzenöl, Sesamöl, Honig, Sambal Oelek, Ingwer und Frühlingszwiebeln verrühren.

b) Den gewürfelten Thunfisch zur Mischung hinzufügen und vermengen. Lassen Sie die Mischung mindestens 15 Minuten oder bis zu 1 Stunde lang im Kühlschrank marinieren.

c) Zum Servieren den Sushi-Reis in Schüsseln füllen, mit dem marinierten Thunfisch belegen und die gewünschten Toppings hinzufügen.

d) Es wird zusätzliche Soße zum Beträufeln über die Beläge geben; Servieren Sie es als Beilage.

20. Würzige Thunfisch-Sushi-Schüssel

ZUTATEN:
FÜR DEN THUNFISCH:
- 1/2 Pfund Thunfisch in Sushi-Qualität, in 1/2-Zoll-Würfel geschnitten
- 1/4 Tasse geschnittene Frühlingszwiebeln
- 2 Esslöffel natriumarme SojaSoße oder glutenfreie Tamari
- 1 Teelöffel Sesamöl
- 1/2 Teelöffel Sriracha

FÜR DIE WÜRZIGE MAYO:
- 2 Esslöffel helle Mayonnaise
- 2 Teelöffel Sriracha-Soße

FÜR DIE SCHÜSSEL:
- 1 Tasse gekochter traditioneller Kurzkorn-Sushi-Reis oder weißer Sushi-Reis
- 1 Tasse Gurken, geschält und in 1/2-Zoll-Würfel geschnitten
- 1/2 mittelgroße Hass-Avocado (3 Unzen), in Scheiben geschnitten
- 2 Frühlingszwiebeln, zum Garnieren in Scheiben geschnitten
- 1 Teelöffel schwarzer Sesam
- Natriumreduziertes Soja- oder glutenfreies Tamari zum Servieren (optional)
- Sriracha, zum Servieren (optional)

ANWEISUNGEN:
a) In einer kleinen Schüssel Mayonnaise und Sriracha vermischen und mit etwas Wasser verdünnen.

b) In einer mittelgroßen Schüssel Thunfisch mit Frühlingszwiebeln, SojaSoße, Sesamöl und Sriracha vermischen. Vorsichtig umrühren und beiseite stellen, während die Schüsseln zubereitet werden.

c) In zwei Schüsseln die Hälfte des Reis, die Hälfte des Thunfischs, der Avocado, der Gurke und der Frühlingszwiebeln schichten.

d) Mit würziger Mayonnaise beträufeln und mit Sesam bestreuen. Auf Wunsch mit zusätzlicher SojaSoße als Beilage servieren.

e) Genießen Sie die kräftigen und würzigen Aromen dieser köstlichen Spicy Tuna Sushi Schüssel!

21.Shoyu und würzige Mayo-Lachs- Sushi-Schüssel

ZUTATEN:
- 10 Unzen Lachs oder Thunfisch in Sashimi-Qualität, in mundgerechte Würfel geschnitten und in zwei Hälften geteilt
- 2 Portionen Sushi-Reis
- Furikake-Gewürz

SHOYU-MARINADE FÜR 5 UNZEN FISCH:
- 1 Esslöffel japanische SojaSoße
- ½ Teelöffel Sesamöl
- ½ Teelöffel geröstete Sesamkörner
- 1 Frühlingszwiebel, gehackt
- ¼ kleine süße Zwiebel, in dünne Scheiben geschnitten (optional)

WÜRZIGE MAYO FÜR 5 UNZEN FISCH:
- 1 Esslöffel Kewpie-Mayonnaise
- 1 Teelöffel süße ChiliSoße
- ¼ Teelöffel Sriracha
- ¼ Teelöffel La-Yu-Chiliöl oder Sesamöl
- Eine Prise Meersalz
- 1 Frühlingszwiebel, gehackt
- 1 Teelöffel Tobiko, optional

TOPPING-IDEEN:
- Geschältes Edamame
- Avocado
- Würziger Krabbensalat
- Japanische Gurken, in dünne Scheiben geschnitten
- Algensalat
- Radieschen, in dünne Scheiben geschnitten
- Masago
- Eingelegtem Ingwer
- Wasabi
- Knusprig gebratene Zwiebeln
- Rettichsprossen
- Shichimi Togarashi

ANWEISUNGEN:
SHOYU-MARINADE:
a) Kombinieren Sie in einer Schüssel japanische SojaSoße, Sesamöl, geröstete Sesamkörner, gehackte Frühlingszwiebeln, geschnittene süße Zwiebeln (optional) und 5 Unzen gewürfelten Lachs.
b) Alles vermengen und in den Kühlschrank stellen, während die anderen Zutaten zubereitet werden.

WÜRZIGE MAYO:
c) In einer Schüssel Kewpie-Mayonnaise, süße ChiliSoße, Sriracha, La-Yu-Chiliöl, eine Prise Meersalz und gehackte Frühlingszwiebeln vermischen. Passen Sie die Gewürzmenge je nach Geschmack an, indem Sie bei Bedarf mehr Sriracha hinzufügen. Fügen Sie 5 Unzen gewürfelten Lachs hinzu, vermischen Sie alles und stellen Sie es in den Kühlschrank.

MONTAGE:
d) Reis in zwei Servierschüsseln geben und mit Furikake-Gewürz bestreuen.
e) Belegen Sie die Reisschüsseln mit Shoyu-Lachs, würzigem Mayo-Lachs, Gurke, Avocado, Radieschen, Edamame und anderen bevorzugten Belägen.

22. Kalifornien Nachgemachte KrabbeSushi Schüssel s

ZUTATEN:
- 2 Tassen Sushi-Reis
- 1 Snackpackung geröstete Algenstreifen
- 1 Tasse Krabbenfleischimitat
- ½ Mango
- ½ Avocado
- ½ Tasse englische Gurke
- ¼ Tasse Jalapeno, gewürfelt
- 4 EL scharfe Mayonnaise
- 3 EL Reisessig
- 2 EL Balsamico-Glasur
- 1 EL Sesamkörner

ANWEISUNGEN:
a) Den Reis nach Packungsanweisung kochen. Nach dem Garen Reisessig einrühren und in die Schüssel geben.
b) Mango und Gemüse sehr fein würfeln. Für einen würzigen Crunch die Jalapenos in Scheiben schneiden. Lege sie auf den Reis.
c) Geben Sie das fein gewürfelte Krabbenfleischimitat in die Schüssel.
d) Für zusätzlichen Geschmack würzige Mayonnaise und Balsamico-Glasur über die Schüssel träufeln. Mit Sesamkörnern und Algenstreifen belegen.
e) Genießen!

23. Würzige Krabben-Sushi-Schüssel s

ZUTATEN:
SUSHI-REIS:
- 1 Tasse Kurzkorn-Sushi-Reis
- 2 Esslöffel Reisessig
- 1 Teelöffel Zucker

SUSHI SCHÜSSEL-SOßE:
- 1 Esslöffel brauner Zucker
- 3 Esslöffel Mirin
- 2 Esslöffel Reisessig
- 3 Esslöffel SojaSoße
- ¼ Teelöffel Maisstärke

WÜRZIGER KRABBENSALAT:
- 8 Unzen Krabbenfleischimitat, zerkleinert oder gehackt
- ⅓ Tasse Mayonnaise (nach japanischer Art, falls verfügbar)
- 2 Esslöffel Sriracha, mehr oder weniger nach Geschmack

SUSHI-SCHALEN (VERWENDEN SIE EINE BELIEBIGE, DIE SIE MÖGEN):
- Algensalat
- Geschnittene Frühlingszwiebeln
- Geschnittene Gurken
- Julienned-Karotten
- Gewürfelte Avocado
- Frische Spinatblätter
- Eingelegter Daikon oder andere japanische Gurken
- Sesamöl
- Sesamsamen

ANWEISUNGEN:
SUSHI-REIS ZUBEREITEN:
a) Den Sushi-Reis nach Packungsanweisung kochen. Nach dem Garen Reisessig und Zucker darüberstreuen. Zum Kombinieren vorsichtig umrühren. Den Reis etwas abkühlen lassen.

MACHEN SIE SUSHI SCHÜSSEL-SOßE:
b) Braunen Zucker, Mirin, Reisessig, SojaSoße und Maisstärke in einem kalten Topf verrühren. Die Soße bei mittlerer Hitze erhitzen, zum Kochen bringen und eine Minute köcheln lassen. Dabei umrühren . Schalten Sie den Herd aus und lassen Sie die Soße abkühlen, während Sie die anderen Zutaten für die Schüssel zubereiten.

WÜRZIGEN KRABBENSALAT ZUBEREITEN:
c) In einer Schüssel Krabbenfleischimitat, Mayonnaise und Sriracha vermischen. Passen Sie Sriracha oder Mayo nach Ihren Wünschen an.
d) Bis zur Verwendung im Kühlschrank aufbewahren.

SUSHI-SCHALEN ZUSAMMENBAUEN:
e) Eine Basis aus Reis und/oder frischem Spinat in flachen Schüsseln herstellen. Mit würzigen Krabben und weiteren Belägen Ihrer Wahl belegen.
f) Die vorbereitete Soße über die zusammengebauten Schüsseln träufeln. Fügen Sie einen Hauch Sesamöl hinzu und streuen Sie Sesamsamen darüber, um den Geschmack zu verstärken.
g) Sofort mit kalten Zutaten über warmem Reis servieren.

24. Cremige Sriracha-Garnelen-Sushi-Schüssel s

ZUTATEN:
FÜR DIE SUSHI SCHÜSSEL:
- 1 Pfund gekochte Garnelen
- 1 Blatt Nori, in Streifen geschnitten
- 1 Avocado, in Scheiben geschnitten
- 1 Packung Algensalat
- 1/2 rote Paprika, gewürfelt
- 1/2 Tasse Rotkohl, in dünne Scheiben geschnitten
- 1/3 Tasse Koriander, fein gehackt
- 2 EL Sesamkörner
- 2 EL Wan-Tan-Streifen

FÜR SUSHI-REIS:
- 1 Tasse gekochter Sushi-Reis (ca. 1/2 Tasse tFelsenen – Wassermenge siehe Packung, normalerweise 1 1/2 Tassen)
- 2 EL Zucker
- 2 EL Reisweinessig

FÜR CREMIGE SRIRACHA-SOßE:
- 1 EL Sriracha
- 1/2 Tasse Sauerrahm

FÜR ZITRONENGRAS-MAIS:
- 1/2 Tasse Mais
- 1/2 Stängel Zitronengras, in dünne Scheiben geschnitten
- 1 Knoblauchzehe, gehackt
- 1 EL SojaSoße

ANWEISUNGEN:
SUSHI-REIS ZUBEREITEN:
a) Sushi-Reis im Reiskocher oder nach Packungsanweisung kochen. Wenn Sie mit dem Kochen fertig sind, fügen Sie Zucker und Reisessig hinzu und verrühren Sie alles.

CREME SRIRACHA-SOßE:
b) Sriracha und Sauerrahm vermischen. Garnelen in dieser Soße schwenken. Verwenden Sie vorgekochte Garnelen oder tauen Sie gefrorene rohe Garnelen auf und kochen Sie sie 2-3 Minuten lang in Wasser.

ZITRONENGRAS-MAIS:
c) Mais, SojaSoße, Knoblauch und Zitronengras bei mittlerer bis hoher Hitze 5–6 Minuten lang anbraten, bis alles gar ist.

SUSHI-SCHALEN ZUSAMMENBAUEN:
d) Sushi-Reis in jede Schüssel geben und dann mit Garnelen und allen anderen Belägen belegen, darunter Nori-Streifen, Avocado-Scheiben, Algensalat, gewürfelte rote Paprika, dünn geschnittener Rotkohl, Koriander, Sesam und Wan-Tan-Streifen.

e) Mischen Sie alles in der Schüssel und achten Sie darauf, dass die cremigen, mit Sriracha überzogenen Garnelen gleichmäßig verteilt sind.

25. Gebratener Thunfisch-Sushi-Schüssel s

ZUTATEN:
FÜR DIE SCHÜSSEL
- 1 Pfund Irresistibles gebratener Thunfisch und Tataki
- Sushi-Reis

FÜR DIE MARINADE
- ¼ Tasse süße Zwiebel, in dünne Scheiben geschnitten
- 1 Frühlingszwiebel, schräg geschnitten (ca. ¼ Tasse) und mehr zum Garnieren
- 2 Knoblauchzehen, gehackt
- 2 Teelöffel schwarzer Sesam, geröstet und mehr zum Garnieren
- 2 Teelöffel Cashewnüsse (geröstet und ungesalzen), gehackt und geröstet
- 1 gehackte rote Chilischote und mehr zum Garnieren
- 3 Esslöffel SojaSoße
- 2 Esslöffel Sesamöl
- 2 TL Reisessig
- 1 TL Limettensaft
- 1 EL Sriracha und mehr zum Servieren
- ¼ Teelöffel Meersalz
- ½ Teelöffel rote Paprikaflocken (optional)

EXTRA GARNIERMÖGLICHKEITEN
- In Scheiben geschnittene Gurke
- Geschnittene Radischen
- Geschnittene Kohl
- Algenflocken
- Gehackte Avocado
- Edamame

ANWEISUNGEN:
a) Alle Zutaten für die Marinade in einer großen Schüssel vermischen, die angebratenen Thunfischscheiben dazugeben und vorsichtig umrühren.
b) Abdecken und 10–30 Minuten im Kühlschrank lagern.
c) Aus dem Kühlschrank nehmen und auf einem Bett aus weißem Reis zusammen mit den gewünschten Beilagen und etwas scharfer Soße/Sriracha als Beilage servieren.

26. Garnelen-Ananas-Sushi-Schüssel

ZUTATEN:
- 1 Pfund große Garnele, geschält und entdarmt
- 1/4 Tasse SojaSoße
- 2 EL Ananassaft
- 1 EL Reisessig
- 1 TL Honig
- 1 Tasse gewürfelte Ananas
- 1 rote Paprika, in dünne Scheiben geschnitten
- 1/4 Tasse gehackte Frühlingszwiebeln
- 2 Tassen gekochter Sushi-Reis
- Zerkleinerte rote Paprikaflocken zum Garnieren

ANWEISUNGEN:
a) Für die Marinade SojaSoße, Ananassaft, Reisessig und Honig verrühren.
b) Garnelen in die Marinade geben und 20–30 Minuten im Kühlschrank lagern.
c) Garnelen in einer Pfanne kochen, bis sie rosa und undurchsichtig sind.
d) Stellen Sie Schüsseln mit Sushi-Reis als Basis her.
e) Mit gekochten Garnelen, gewürfelten Ananas, geschnittener roter Paprika und Frühlingszwiebeln belegen.
f) Mit zerstoßenen roten Paprikaflocken garnieren und servieren.

27.Oktopus- und Algen- Sushi-Schüssel

ZUTATEN:
- 1 Pfund Oktopus, gekocht und in Scheiben geschnitten
- 1/4 Tasse SojaSoße
- 2 EL Mirin
- 1 EL Sesamöl
- 1 TL geriebener Knoblauch
- 1 Tasse Wakame-Algen, rehydriert
- 1 Rettich, in dünne Scheiben geschnitten
- 2 Tassen gekochter Sushi-Reis
- Noristreifen zum Garnieren

ANWEISUNGEN:

a) Für die Marinade SojaSoße, Mirin, Sesamöl und geriebenen Knoblauch verrühren.

b) In Scheiben geschnittenen Oktopus in die Marinade geben und mindestens 30 Minuten im Kühlschrank lagern.

c) Schüsseln mit Sushi-Reis als Boden anrichten.

d) Mit mariniertem Oktopus, rehydrierten Wakame-Algen und geschnittenem Rettich belegen.

e) Mit Noristreifen garnieren und servieren.

28.Gelbschwanz- Sushi-Schüssel

ZUTATEN:
- 1 Pfund Gelbschwanz (Hamachi), gewürfelt
- 1/4 Tasse Ponzu-Soße
- 1 EL Sesamöl
- 1 TL frischer Limettensaft
- 1 TL Wasabipaste (optional)
- 1 Tasse Jicama, Julienne
- 1 Tasse Gurke, in Scheiben geschnitten
- 2 Tassen Sushi-Reis
- Avocadoscheiben zum Garnieren
- Gehackter Koriander zum Garnieren

ANWEISUNGEN:
a) In einer Schüssel Ponzu-Soße, Sesamöl, Limettensaft und Wasabi-Paste vermischen.
b) Den gewürfelten Gelbschwanz in die Marinade geben und mindestens 30 Minuten im Kühlschrank lagern.
c) Stellen Sie Schüsseln mit Sushi-Reis als Basis her.
d) Mit marinierten Gelbschwanz-, Jicama-, Gurken- und Avocadoscheiben belegen.
e) Mit gehacktem Koriander garnieren und servieren.

29.Jakobsmuschel- und Mango- Sushi-Schüssel

ZUTATEN:
- 1 Pfund frische Jakobsmuscheln, halbiert
- 1/4 Tasse Kokos-Aminosäuren (oder SojaSoße)
- 1 EL Reisessig
- 1 EL Honig
- 1 Mango, geschält und gewürfelt
- 1 rote Chili, in dünne Scheiben geschnitten
- 1 Tasse geriebener Kohl
- 2 Tassen Sushi-Reis, gekocht
- Geröstete Sesamkörner zum Garnieren

ANWEISUNGEN:
a) Für die Marinade Kokosnuss-Aminosäuren, Reisessig und Honig verrühren.
b) Jakobsmuscheln in der Marinade wenden und 20–30 Minuten im Kühlschrank lagern.
c) Stellen Sie Schüsseln mit traditionellem Sushi-Reis als Basis zusammen.
d) Mit marinierten Jakobsmuscheln, Mangowürfeln, geschnittenem rotem Chili und geriebenem Kohl belegen.
e) Mit gerösteten Sesamkörnern garnieren und servieren.

30.Würzige Thunfisch-Rettich -Sushi-Schüssel

ZUTATEN:
- 1 Pfund Thunfisch in Sushi-Qualität, gewürfelt
- 2 EL Gochujang (koreanische rote Paprikapaste)
- 1 EL SojaSoße
- 1 EL Sesamöl
- 1 TL Reisessig
- 1 Tasse Daikon-Rettich, Julienne
- 1 Tasse Zuckererbsen, in Scheiben geschnitten
- 2 Tassen traditioneller Sushi-Reis, gekocht
- Frühlingszwiebeln zum Garnieren

ANWEISUNGEN:

a) Mischen Sie Gochujang, SojaSoße, Sesamöl und Reisessig, um die würzige Soße herzustellen.

b) Gewürfelten Thunfisch in die scharfe Soße geben und 30 Minuten im Kühlschrank lagern.

c) Stellen Sie Schüsseln mit traditionellem Sushi-Reis als Basis zusammen.

d) Mit mariniertem Thunfisch, julienned Daikon-Rettich und geschnittenen Erbsen belegen.

e) Mit gehackten Frühlingszwiebeln garnieren und servieren.

31. Sushi-Schüssel mit geräuchertem Lachs und Spargel

ZUTATEN:
- 1 Pfund geräucherter Lachs, in Flocken
- 1/4 Tasse SojaSoße
- 2 EL Mirin
- 1 EL eingelegter Ingwer, gehackt
- 1 Bund Spargel, blanchiert und in Scheiben geschnitten
- 1 Tasse Kirschtomaten, halbiert
- 2 Tassen traditioneller Sushi-Reis, gekocht
- Zitronenspalten zum Garnieren

ANWEISUNGEN:
a) Für die Marinade SojaSoße, Mirin und gehackten eingelegten Ingwer verrühren.
b) Räucherlachs in die Marinade geben und 15–20 Minuten im Kühlschrank lagern.
c) Stellen Sie Schüsseln mit gekochtem traditionellem Sushi-Reis als Basis her.
d) Mit mariniertem Räucherlachs, Spargelscheiben und Kirschtomaten belegen.
e) Mit Zitronenschnitzen garnieren und servieren.

32. Mit Miso marinierte Schwertfisch- Sushi- Schüssel

ZUTATEN:
- 1 Pfund Schwertfisch, gewürfelt
- 2 EL weiße Misopaste
- 1 EL SojaSoße
- 1 EL Reisessig
- 1 TL Sesamöl
- 1 Tasse Radieschen, in dünne Scheiben geschnitten
- 1 Tasse Gurke, gewürfelt
- 2 Tassen Sushi-Reis
- Geriebener Nori zum Garnieren

ANWEISUNGEN:

a) In einer Schüssel Misopaste, SojaSoße, Reisessig und Sesamöl verrühren.
b) Schwertfisch in der Mischung mindestens 30 Minuten marinieren.
c) Stellen Sie Schüsseln mit Sushi-Reis als Basis her.
d) Mit mariniertem Schwertfisch, geschnittenen Radieschen und gewürfelten Gurken belegen.
e) Mit geriebenem Nori garnieren und servieren.

33. Hummer- und Avocado- Sushi-Schüssel

ZUTATEN:
- 1 Pfund gekochtes Hummerfleisch, gehackt
- 1/4 Tasse Ponzu-Soße
- 1 EL Honig
- 1 TL frischer Ingwer, gerieben
- 1 Avocado, gewürfelt
- 1 Tasse Mango, gewürfelt
- 2 Tassen traditioneller Sushi-Reis, gekocht
- Gehackter Schnittlauch zum Garnieren

ANWEISUNGEN:
a) Ponzu-Soße, Honig und geriebenen Ingwer in einer Schüssel vermischen.
b) Gehacktes Hummerfleisch in die Marinade geben und 20 Minuten im Kühlschrank lagern.
c) Stellen Sie Schüsseln mit traditionellem Sushi-Reis als Basis zusammen.
d) Mit mariniertem Hummer, gewürfelter Avocado und Mango belegen.
e) Mit gehacktem Schnittlauch garnieren und servieren.

34. Thunfisch- und Wassermelonen-Sushi-Schüssel

ZUTATEN:
- 1 Pfund Thunfisch in Sushi-Qualität, gewürfelt
- 1/4 Tasse Kokos-Aminosäuren (oder SojaSoße)
- 2 EL Limettensaft
- 1 EL Sesamöl
- 2 Tassen Wassermelone, gewürfelt
- 1 Tasse Gurke, in Scheiben geschnitten
- 2 Tassen traditioneller Sushi-Reis, gekocht
- Minzblätter zum Garnieren

ANWEISUNGEN:
a) Für die Marinade Kokosnuss-Aminosäuren, Limettensaft und Sesamöl verrühren.
b) Den Thunfisch in die Marinade geben und 30 Minuten im Kühlschrank lagern.
c) Stellen Sie Schüsseln mit gekochtem traditionellem Sushi-Reis als Basis her.
d) Mit mariniertem Thunfisch, gewürfelter Wassermelone und Gurkenscheiben belegen.
e) Mit frischen Minzblättern garnieren und servieren.

35.Hülse-weich-Krabben -Sushi-Schüssel

ZUTATEN:
- 4 Weichschalenkrebse, gereinigt
- 1/4 Tasse Mayonnaise
- 1 EL Sriracha
- 1 EL Limettensaft
- 1 Tasse geriebener Salat
- 1/2 Tasse Radicchio, gehackt
- 2 Tassen Sushi-Reis
- Sesamsamen zum Garnieren

ANWEISUNGEN:
a) In einer Schüssel Mayonnaise, Sriracha und Limettensaft vermischen, um die Soße herzustellen.
b) Weichschalenkrabben mit der Soße bestreichen und in der Pfanne knusprig braten.
c) Stellen Sie Schüsseln mit Sushi-Reis als Basis her.
d) Mit geriebenem Salat, gehacktem Radicchio und knusprigen Weichschalenkrabben belegen.
e) Mit Sesamkörnern garnieren und servieren.

36. Gegrillte Mahi-Mahi- und Ananas -Sushi-Schüssel

ZUTATEN:
- 1 Pfund Mahi-Mahi-Filets, gegrillt und in Flocken geschnitten
- 1/4 Tasse Teriyaki-Soße
- 1 EL Limettensaft
- 1 TL Honig
- 1 Tasse Ananas, gewürfelt
- 1 Tasse rote Paprika, in Scheiben geschnitten
- 2 Tassen traditioneller Sushi-Reis, gekocht
- Gehackter Koriander zum Garnieren

ANWEISUNGEN:
a) Für die Marinade Teriyaki-Soße, Limettensaft und Honig verrühren.
b) Gegrilltes Mahi-Mahi in die Marinade geben und 20 Minuten im Kühlschrank lagern.
c) Stellen Sie Schüsseln mit gekochtem traditionellem Sushi-Reis als Basis zusammen.
d) Mit Mahi-Mahi-Flocken, Ananaswürfeln und geschnittener roter Paprika belegen.
e) Mit gehacktem Koriander garnieren und servieren.

GEMÜSE-SUSHI-SCHALEN

37.Tofu- und Gemüse- Sushi-Schüssel

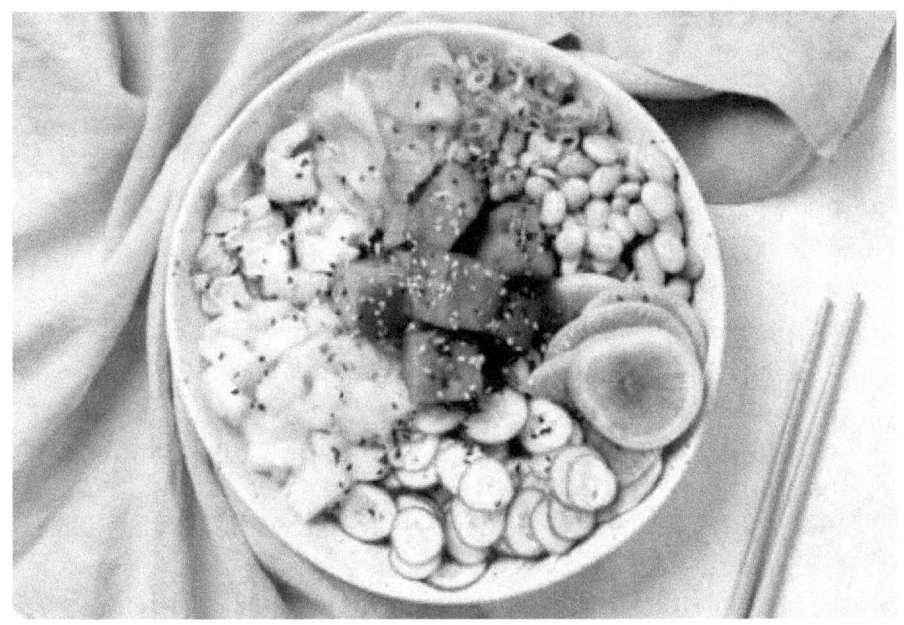

ZUTATEN:
- 1 Block fester Tofu, gewürfelt
- 1/4 Tasse SojaSoße
- 2 EL Reisessig
- 1 EL Sesamöl
- 1 TL Agavensirup oder Honig
- 1 Tasse Kirschtomaten, halbiert
- 1 Paprika, gewürfelt
- 1 Karotte, Julienne
- 2 Tassen gekochter traditioneller Sushi-Reis
- Sesamsamen zum Garnieren

ANWEISUNGEN:
a) Für die Marinade SojaSoße, Reisessig, Sesamöl und Agavensirup verrühren.
b) Tofuwürfel in die Marinade geben und 30 Minuten im Kühlschrank lagern.
c) Marinierten Tofu in einer Pfanne goldbraun anbraten.
d) Stellen Sie Schüsseln mit traditionellem Sushi-Reis als Basis zusammen.
e) Mit sautiertem Tofu, Kirschtomaten, Paprikawürfeln und Julienne-Karotten belegen.
f) Mit Sesamkörnern garnieren und servieren.

38. Tempeh- Sushi-Schüssel

ZUTATEN:
- 200 g gekochter traditioneller Sushi-Reis
- 70 g Tempeh/Tofu oder Pilze
- ½ eine kleine rote Chilischote
- 1 kleine Knoblauchzehe
- Kleines Stück frischer Ingwer
- 2 Frühlingszwiebeln/Frühlingszwiebeln
- 1 EL Tamari
- 35 g gefrorene Edamame-Bohnen oder Erbsen
- 1 kleine Karotte
- 1 reife Avocado
- ½ eine frische Mango

GARNIERUNG:
- Geröstete Sesamkörner
- 1 Limette oder ½ Zitrone

ANWEISUNGEN:
a) Reis nach Packungsanweisung kochen oder eine vorgekochte Packung verwenden.
b) Gießen Sie kochendes Wasser in eine Schüssel, um die gefrorenen Edamame/Erbsen zu bedecken und aufzutauen.
c) Tempeh/Tofu oder Pilze in mundgerechte Stücke schneiden. Knoblauch, Frühlingszwiebeln, Ingwer und Chili fein hacken.
d) Eine mittelgroße beschichtete Pfanne bei starker Hitze erhitzen. Knoblauch, Ingwer, Chili und Frühlingszwiebel hinzufügen. Hitze auf mittlere Stufe reduzieren und 3 Minuten kochen lassen, dabei gelegentlich umrühren. Tempeh/Tofu oder Pilze hinzufügen und 3-4 Minuten kochen lassen. Tamari hinzufügen und eine weitere Minute kochen lassen, bis der Tamari reduziert ist. Halten Sie den Tempeh/Tofu in Bewegung, damit er von allen Seiten gegart wird. Beiseite legen.
e) Avocado auf die gewünschte Dicke schneiden.
f) Mango schälen und würfeln.
g) Schälen Sie die Karotte und schneiden Sie mit einem Sparschäler lange, dünne Streifen daraus.
h) Edamame/Erbsen abtropfen lassen.

MONTIEREN SIE DIE SUSHI-SCHÜSSEL:
i) Den Reis/Quinoa auf zwei Schüsseln verteilen. Machen Sie dasselbe mit Tempeh/Tofu oder Pilzen und lassen Sie Platz für andere Zutaten.
j) Avocado, Karotten, Edamame/Erbsen und Mango zwischen die Schüsseln geben.
k) Mit gerösteten Sesamkörnern und frischem Limetten- oder Zitronensaft garnieren.

39. Pilzschüssel mit Sesamkruste

ZUTATEN:
- 2 Esslöffel weiße Sesamkörner
- 1 Esslöffel schwarze Schwarzkümmelsamen
- 1/3 Tasse Panko-Semmelbrösel
- 1 Ei
- 1 Esslöffel Milch
- 200g Champignons
- 1 Bund Broccolini
- 1/3 Tasse gefrorene Edamame-Bohnen, aufgetaut
- 1 Tasse gekochter traditioneller Sushi-Reis
- 1 Avocado, in Scheiben geschnitten
- ¾ Tasse Rotkohl, in dünne Scheiben geschnitten
- 1 kleine Gurke, in dünne Scheiben geschnitten
- 4 Radieschen, in dünne Scheiben geschnitten
- 2 Frühlingszwiebeln, in dünne Scheiben geschnitten (zum Servieren)
- Eingelegter Ingwer (zum Servieren)

DRESSING:
- 1 Teelöffel weiße Misopaste
- 3 Esslöffel Mirin
- 1 Teelöffel Erdnussbutter
- 3 Teelöffel natives Olivenöl extra

ANWEISUNGEN:
a) In einer großen Schüssel Sesamsamen, Schwarzkümmelsamen, Semmelbrösel und eine Prise Meersalz vermengen.
b) In einer anderen Schüssel Ei und Milch verquirlen.
c) Tauchen Sie die Pilze in die Eimischung und wälzen Sie sie dann in der Krümelmischung, um sie gleichmäßig zu bedecken.
d) 2 Esslöffel Olivenöl in einer großen beschichteten Bratpfanne bei mittlerer Hitze erhitzen.
e) Kochen Sie die Pilze portionsweise 5 Minuten lang oder bis die äußere Krume knusprig und goldbraun ist.
f) Auf einen mit Papiertüchern ausgelegten Teller geben, um überschüssiges Öl aufzusaugen.
g) Bringen Sie einen großen Topf Wasser zum Kochen. Broccolini und Edamame hinzufügen, 1 Minute kochen lassen oder bis die Broccolini gar, aber noch knusprig sind und Edamame hellgrün ist. Abtropfen lassen und beiseite stellen.

Dressing vorbereiten:
h) In einem kleinen Krug alle Zutaten für das Dressing vermischen und gut umrühren, um die Misopaste-Klumpen aufzulösen.

SCHÜSSEL ZUSAMMENBAUEN:
i) Teilen Sie den traditionellen Sushi-Reis auf zwei Servierschüsseln auf.
j) Avocado, Kohl, Gurke, Radieschen und gekochtes Gemüse auf dem Reis und an den Rändern der Schüssel anordnen.
k) Mit zerbröckelten Pilzen belegen.
l) Mit Frühlingszwiebeln bestreuen, über das Dressing träufeln und mit eingelegtem Ingwer garnieren.
m) Genießen Sie Ihre gesunde und knusprige Pilzschüssel mit Sesamkruste!

40.General Tsos Tofu- Sushi-Schüssel

ZUTATEN:
DIE BASIS
- 2 Tassen gekochter Sushi-Reis

DAS GEMÜSE
- 10 Kirschtomaten, halbiert oder drittelt
- 2-3 kleine Radieschen, in dünne Scheiben geschnitten
- 1 mittelgroße Karotte, in dünne Scheiben geschnitten
- 1 libanesische Gurke, in dünne Scheiben geschnitten
- 1 Tasse gefrorenes, geschältes Edamame, aufgetaut und abgetropft
- 1/2 Tasse eingelegte rote Zwiebeln
- 1 Avocado, geschält, entkernt und in Scheiben geschnitten

FÜR DEN TOFU DES GENERAL TSO
- 1/2 Pfund fester Tofu, gewürfelt
- 2 EL Tapiokastärke (oder Maisstärke)
- 2-3 EL Avocadoöl zum Kochen

FÜR DIE SOSSE
- 3/4 Tasse Wasser
- 2 EL Ketchup
- 2 EL Reisessig
- 2 EL reiner Ahornsirup
- 2 EL Tamari
- 1 EL geröstetes Sesamöl
- 1 TL Sriracha
- 1/4 TL gemahlener Ingwer
- 1/8 TL chinesisches Fünf-Gewürz
- 2 Knoblauchzehen, gehackt

ZUM GARNIEREN
- Schwarze und weiße Sesamkörner

ANWEISUNGEN:

a) Kochen Sie den Reis gemäß den Anweisungen auf der Packung oder nach Ihrer bevorzugten Methode.

b) Bereiten Sie in der Zwischenzeit Ihr Gemüse vor, aber warten Sie bis zum Schluss, um die Avocado zu schälen und in Scheiben zu schneiden, damit sie nicht braun wird.

c) Schneiden Sie den Tofu in mundgerechte Würfel und geben Sie diese zusammen mit der Tapiokastärke in eine mittelgroße Schüssel. schwenken, bis der Tofu vollständig und gleichmäßig bedeckt ist.

d) In einer separaten Schüssel die Zutaten für die Soße vermischen und kräftig verrühren, bis alles gut vermischt ist.

e) Erhitzen Sie ein paar Esslöffel Avocadoöl in einer großen Bratpfanne oder einem Wok bei mittlerer bis hoher Hitze. Wenn es heiß ist, fügen Sie die Tofuwürfel vorsichtig hinzu und braten Sie sie etwa 5 Minuten lang, bis sie von allen Seiten goldbraun und knusprig sind.

f) Die Soße in die Pfanne geben und etwa 3 Minuten köcheln lassen, bis sie eingedickt und eingedickt ist, dann vom Herd nehmen.

g) Stellen Sie die Sushi-Schalen zusammen: Teilen Sie den Reis (oder ein beliebiges Getreide Ihrer Wahl) auf zwei ziemlich große Schüsseln auf. Ordnen Sie das vorbereitete Gemüse rund um die Schüssel auf dem Reis an und löffeln Sie dann den Tofu von General Tso direkt in die Mitte.

h) Nach Belieben mit Sesamkörnern garnieren und sofort servieren!

41. Poké Schüssel mit Tomaten-Sashimi

ZUTATEN:
- 15g knusprige Zwiebeln
- 160 g blanchierte Edamame-Bohnen
- 150g Sushi-Reis
- 5g Wasabipaste
- 1 Frühlingszwiebel
- 45g ohne Mayonnaise
- 15 ml Reisessig
- 15 ml Mirin
- 5 g schwarze Sesamkörner
- 150g Frühlingsgrün
- 125g Radieschen der Saison
- 3 Tomaten
- 15 ml Tamari-SojaSoße
- Salz, Zucker, Pflanzenöl

ANWEISUNGEN:

a) Den Backofen auf 220 °C/200 °C (Umluft)/Gasstufe 7 vorheizen.
b) Spülen Sie den Sushi-Reis 30 Sekunden lang in einem Sieb unter fließendem kaltem Wasser ab. Zum vollständigen Abtropfen beiseite stellen.
c) Den abgetropften Reis mit 200 ml kaltem Wasser und einer großzügigen Prise Salz in einen Topf mit Deckel geben. Leicht köcheln lassen, dann die Hitze reduzieren, bis ganz leichte Blasen entstehen. Zugedeckt 15 Min. garen.
d) Nach 15 Minuten den Topf vom Herd nehmen und vor dem Servieren weitere 10 Minuten zugedeckt stehen lassen – fertig ist Ihr Klebreis.
e) Einen Wasserkocher zum Kochen bringen.
f) Den Boden der Tomaten ganz leicht kreuzweise einritzen und in eine große, hitzebeständige Schüssel geben.
g) Decken Sie die Tomaten mit kochendem Wasser ab, bis sie vollständig untergetaucht sind, und stellen Sie sie bis zu einem späteren Zeitpunkt beiseite.
h) Die Radieschen fein schneiden. Geben Sie sie mit der Hälfte des Reisessigs und einer Prise Zucker in eine Schüssel. Zum Einlegen beiseite stellen – das sind Ihre schnell eingelegten Radieschen.
i) Die Frühlingszwiebel(n) putzen und dann in Stäbchen schneiden.
j) Schneiden Sie jeden Stab der Länge nach in 4 Stücke – das ist Ihre zerkleinerte Frühlingszwiebel.
k) Die Blätter vom Frühlingsgrün abreißen, die harten Stiele entfernen.
l) Die Blätter übereinander legen, aufrollen und fein zerkleinern.
m) Geben Sie das zerkleinerte Frühlingsgrün auf ein großes Backblech. Mit einer großzügigen Prise Salz, 1 TL Zucker und einem großen Schuss Pflanzenöl bestreuen.
n) Schieben Sie das Blech für 8–10 Minuten in den Ofen, bis es knusprig ist – das sind Ihre knusprigen „Algen".
o) Die eingeweichten Tomaten abtropfen lassen, dann die Haut abziehen, beginnend am Kreuz.
p) Die Tomaten vierteln, herauslöffeln und die Kerne entfernen. Das Ergebnis sind Tomatenblütenblätter.

q) Geben Sie die Tomatenblätter zurück in die Schüssel und fügen Sie die Tamari-SojaSoße und Mirin hinzu. Zum Marinieren beiseite stellen – das ist Ihr Tomaten-Sashimi.

r) Geben Sie die Edamame-Bohnen in eine Schüssel und stellen Sie sie für 1 Minute in die Mikrowelle, bis sie kochend heiß und zart sind und einen Biss haben.

s) Kombinieren Sie die Mayonnaise mit der Wasabi-Paste und einem kleinen Spritzer Wasser in einer Schüssel – das ist Ihre Wasabi-Mayonnaise.

t) Sobald der Sushi-Reis fertig ist, rühren Sie den restlichen Reisessig und eine Prise Zucker unter – fertig ist Ihr klebriger Sushi-Reis.

u) Den klebrigen Sushi-Reis in Schüsseln servieren und mit Tomaten-Sashimi, gekochtem Edamame, schnell eingelegten Radieschen und geriebenen Frühlingszwiebeln belegen. Die knusprigen „Algen" dazu servieren.

v) Die restliche Soße über das Sashimi träufeln und die Wasabi-Mayonnaise über das Edamame und die Radieschen träufeln.

w) Die knusprigen Zwiebeln und schwarzen Sesamkörner darüberstreuen.

42. Vegane Sushi-Schüssel mit Tahini-Soße

ZUTATEN:
REIS:
- 1 Tasse traditioneller Sushi-Reis
- 1 ½ Tassen Wasser (360 ml)
- ½ TL Salz

TOFU:
- 1 Rezept für knusprigen Tofu oder halb knusprige Kichererbsen

GEMÜSE (VERWENDEN SIE IHREN LIEBLING):
- 1 Gurke, gewürfelt
- 1 ½ Tassen Rotkohl, geraspelt (135 g)
- 6-8 Radieschen, in Scheiben geschnitten
- 3 Stiele Frühlingszwiebeln (optional)
- 1 Portion Karottenlachs oder 2 große Julienne-Karotten
- 1 Tasse Edamame (155 g)
- 1 Avocado, gewürfelt

TAHINI-SOßE:
- ¼ Tasse Tahini oder Erdnussbutter oder Cashewbutter
- 1 Knoblauchzehe, gehackt
- 1 TL frischer Ingwer, gerieben (optional)
- 1 TL Misopaste (optional)
- 1 EL Ahornsirup
- 1 EL Reisessig
- 1 EL Tamari- oder SojaSoße
- 1 TL Sriracha (optional, nach Geschmack)
- 2-4 EL Wasser bis zur gewünschten Konsistenz

ZUM GARNIEREN (OPTIONAL):
- Sesamsamen
- frische Zitronen oder Limetten
- Jalapeños, in Scheiben geschnitten
- frische Kräuter (z. B. Koriander oder Thai-Basilikum)

ANWEISUNGEN:

Reis:
a) Reis und Wasser in einen Topf (oder Reiskocher) geben und zum Kochen bringen.
b) Reduzieren Sie die Hitze auf eine niedrige Stufe, decken Sie das Ganze ab und lassen Sie es 15 Minuten lang köcheln, bis das gesamte Wasser aufgesogen ist.
c) Vom Herd nehmen und bei geschlossenem Deckel 10 Minuten dämpfen lassen.
d) Salz hinzufügen, mit einer Gabel auflockern und beiseite stellen.

Tofu:
e) In der Zwischenzeit den knusprigen Tofu nach diesem Rezept zubereiten. (Alternativ bereiten Sie knusprige Kichererbsen nach diesem Rezept zu).

Gemüse:
f) Die Gurke würfeln, den Kohl mit einer Mandoline zerkleinern und die Radieschen und Frühlingszwiebeln in Scheiben schneiden.
g) Wenn Sie keinen Karottenlachs zur Hand haben, schneiden Sie zwei große Karotten mit einem Gemüseschäler oder Julienne in Streifen.
h) Tauen Sie das Edamame gemäß den Anweisungen in der Packung auf und würfeln Sie die Avocado.

Tahini-Soße:
i) Alle Zutaten für die Tahini-Soße in einem Mixer glatt rühren.
j) Fügen Sie Wasser hinzu, bis die gewünschte Konsistenz erreicht ist. (Alternativ servieren Sie Ihre Sushi-Schüssel mit ErdnussSoße).

MONTIEREN SIE DIE SUSHI-SCHÜSSEL:
k) Den Reis auf 4 Schüsseln verteilen.
l) Geben Sie das vorbereitete Gemüse und den knusprigen Tofu auf den Reis.
m) Nach Belieben mit Avocado, Sesam, Jalapeños und Kräutern belegen.
n) Mit TahiniSoße und Zitronen- oder Limettenspalten als Beilage servieren.

43. Schüssel mit Algenreis

ZUTATEN:
- 1 Ei
- Nach Bedarf dünn geschnittenes Nori
- Dashi, eine Prise
- ½ Teelöffel Mirin
- ½ Teelöffel SojaSoße
- MSG, eine Prise
- Furikake, je nach Bedarf
- 1 Tasse gekochter weißer Reis

ANWEISUNGEN:
a) Geben Sie den Reis in eine Schüssel und formen Sie in der Mitte eine flache Kugel.
b) Schlagen Sie das ganze Ei in die Mitte.
c) Mit einem halben Teelöffel SojaSoße, einer Prise Salz, einer Prise MSG, einem halben Teelöffel Mirin und einer Prise Dashi würzen.
d) Mit Stäbchen kräftig umrühren, um das Ei zu vermischen. Es sollte eine blassgelbe, schaumige und lockere Konsistenz haben.
e) Probieren Sie es ab und passen Sie die Gewürze nach Bedarf an.
f) Mit Furikake und Nori bestreuen, eine kleine Kugel darauf formen und das andere Eigelb hinzufügen.
g) Ihr Gericht ist servierfertig.

44.Sushi-Schüssel zum Anbraten

ZUTATEN:
- 1½ Tassen Sushi-Reis
- 4 große Buttersalatblätter
- ½ Tasse geröstete Erdnüsse, grob gehackt
- 4 Teelöffel gehackte Frühlingszwiebeln, nur die grünen Teile
- 4 große Shiitake-Pilze, Stiele entfernt und in dünne Scheiben geschnitten
- Würzige Tofu-Mischung
- ½ Karotte, spiralförmig geschnitten oder geraspelt

ANWEISUNGEN:
a) Bereiten Sie die Mischung aus Sushi-Reis und würzigem Tofu vor.
b) Die Buttersalatblätter auf einem Serviertablett anrichten.
c) Den vorbereiteten Sushi-Reis, die gerösteten Erdnüsse, die gehackten Frühlingszwiebeln und die Shiitake-Pilzscheiben in einer mittelgroßen Schüssel verrühren.
d) Den gemischten Reis auf die Salatschüsseln verteilen.
e) Den Reis vorsichtig in die Salatschüssel füllen.
f) Verteilen Sie die würzige Tofu-Mischung auf die Salatschüsseln.
g) Jeweils mit einigen Karottenwirbeln oder -schnitzeln belegen.
h) Servieren Sie die Pfannengerichte mit etwas gesüßtem Sojasirup.

45. Knusprig gebratene Tofu-Sushi-Schüssel

ZUTATEN:
- 4 Tassen zubereiteter traditioneller Sushi-Reis
- 6 Unzen fester Tofu, in dicke Scheiben geschnitten
- 2 Esslöffel Kartoffelstärke oder Maisstärke
- 1 großes Eiweiß, gemischt mit 1 Teelöffel Wasser
- ½ Tasse Semmelbrösel
- 1 Teelöffel dunkles Sesamöl
- 1 Teelöffel Speiseöl
- ½ Teelöffel Salz
- Eine Karotte, in 4 Streichhölzer geschnitten
- ½ Avocado, in dünne Scheiben schneiden
- 4 Esslöffel Maiskörner, gekocht
- 4 Teelöffel gehackte Frühlingszwiebeln, nur die grünen Teile
- 1 Nori, in dünne Streifen schneiden

ANWEISUNGEN:

a) Bereiten Sie den Sushi-Reis vor.
b) Legen Sie die Scheiben zwischen Schichten von Papiertüchern oder sauberen Geschirrtüchern und stellen Sie eine schwere Schüssel darauf.
c) Lassen Sie die Tofuscheiben mindestens 10 Minuten abtropfen.
d) Heizen Sie Ihren Ofen auf 375 °F vor.
e) Die abgetropften Tofuscheiben in der Kartoffelstärke eintauchen.
f) Legen Sie die Scheiben in die Eiweißmischung und wenden Sie sie, bis sie bedeckt sind.
g) Panko, dunkles Sesamöl, Salz und Speiseöl in einer mittelgroßen Schüssel vermischen.
h) Drücken Sie leicht etwas Panko-Mischung auf jede Tofu-Scheibe.
i) Die Scheiben auf ein mit Backpapier ausgelegtes Backblech legen.
j) 10 Minuten backen, dann die Scheiben umdrehen.
k) Weitere 10 Minuten backen oder bis der Panko-Überzug knusprig und goldbraun ist.
l) Die Scheiben aus dem Ofen nehmen und etwas abkühlen lassen.
m) Stellen Sie 4 kleine Servierschüsseln bereit. Befeuchten Sie Ihre Fingerspitzen, bevor Sie eine ¾ Tasse Sushi-Reis in jede Schüssel geben.
n) Die Oberfläche des Reises in jeder Schüssel vorsichtig flach drücken. Die Panko-Tofu-Scheiben auf die 4 Schüsseln verteilen.
o) Geben Sie ¼ der Karotten-Streichhölzer in jede Schüssel.
p) Geben Sie ¼ der Avocadoscheiben in jede Schüssel. Auf jede Schüssel 1 Esslöffel Maiskörner häufen.
q) Zum Servieren ¼ der Noristreifen über jede Schüssel streuen. Mit gesüßtem Sojasirup oder SojaSoße servieren.

46. Ratatouille-Sushi-Schüssel

ZUTATEN:
- 2 Tassen zubereiteter traditioneller Sushi-Reis
- 4 große Tomaten, blanchiert und geschält
- 1 Esslöffel gehackte Frühlingszwiebeln, nur die grünen Teile
- ½ kleine japanische Aubergine, geröstet und in kleine Würfel geschnitten
- 4 Esslöffel Röstzwiebeln
- 2 Esslöffel Sesam-Nudel-Dressing

ANWEISUNGEN:
a) Bereiten Sie den Sushi-Reis und das Sesam-Nudel-Dressing vor.
b) Sushi-Reis, Frühlingszwiebeln, Auberginen, Röstzwiebeln und Sesam-Nudel-Dressing in eine mittelgroße Schüssel geben und gut vermischen.
c) Schneiden Sie die Oberseite jeder Tomate ab und löffeln Sie die Mitte heraus.
d) Geben Sie eine halbe Tasse der gemischten Sushi-Reismischung in jede Tomatenschüssel.
e) Mit der Rückseite des Löffels den Reis vorsichtig flach drücken.
f) Die Tomatenschalen mit einer Gabel servieren.

47. Avocado-Sushi-Schüssel

ZUTATEN:
- 1½ Tassen zubereiteter traditioneller Sushi-Reis
- ¼ kleines Jicama, geschält und in Streichhölzer geschnitten
- ½ Jalapeño-Chilischote, entkernt und grob gehackt
- Saft einer halben Limette
- 4 Esslöffel Sushi-Reis-Dressing
- ¼ Avocado, geschält, entkernt und in dünne Scheiben geschnitten
- 2 frische Korianderzweige zum Garnieren

ANWEISUNGEN:
a) Bereiten Sie den Sushi-Reis und das Sushi-Reis-Dressing vor.
b) Mischen Sie die Jicama-Streichhölzer, gehackten Jalapeño, Limettensaft und das Sushi-Reis-Dressing in einer kleinen Schüssel (nicht aus Metall). Lassen Sie die Aromen mindestens 10 Minuten lang vermischen.
c) Lassen Sie die Flüssigkeit von der Jicama-Mischung abtropfen.
d) Befeuchten Sie Ihre Fingerspitzen, bevor Sie eine ¾ Tasse Sushi-Reis in jede Schüssel geben.
e) Die Oberfläche des Reises vorsichtig flach drücken.
f) Auf jede Schüssel die Hälfte der marinierten Jicama häufen.
g) Avocadoscheiben auf die beiden Schüsseln verteilen und jeweils in einem attraktiven Muster über dem Reis anordnen.
h) Zum Servieren jede Schüssel mit einem frischen Korianderzweig und Ponzu-Soße belegen.

48. Sushi-Schüssel mit Ei, Käse und grünen Bohnen

ZUTATEN:
- 1½ Tassen zubereiteter traditioneller Sushi-Reis
- 10 grüne Bohnen, blanchiert und in Streifen geschnitten
- 1 japanisches Omelettblatt, in Stücke geschnitten
- 4 Esslöffel Ziegenkäse, zerbröselt
- 2 Teelöffel gehackte Frühlingszwiebeln, nur die grünen Teile

ANWEISUNGEN:
a) Bereiten Sie den Sushi-Reis und das japanische Omelettblatt vor.
b) Befeuchten Sie Ihre Fingerspitzen, bevor Sie eine ¾ Tasse Sushi-Reis in jede Schüssel geben.
c) Die Oberfläche des Reises in jeder Schüssel vorsichtig flach drücken.
d) Verteilen Sie die grünen Bohnen, die Omelett-Eierschnitzel und den Ziegenkäse in einem attraktiven Muster auf die beiden Schüsseln.
e) Zum Servieren 1 Teelöffel Frühlingszwiebeln in jede Schüssel streuen.

49.Avocado- und Kichererbsen -Sushi-Schüssel

ZUTATEN:
- 1 Tasse gekochter traditioneller Sushi-Reis
- 1 Dose Kichererbsen, abgetropft und abgespült
- 1 Avocado, in Scheiben geschnitten
- 1 Gurke, gewürfelt
- 1 Karotte, Julienne
- 2 Esslöffel SojaSoße
- 1 Esslöffel Sesamöl
- 1 Esslöffel Reisessig
- Sesamsamen zum Garnieren
- Noristreifen zum Garnieren

ANWEISUNGEN:
a) In einer Schüssel SojaSoße, Sesamöl und Reisessig vermischen.
b) Kichererbsen in die SojaSoßenmischung geben und mindestens 15 Minuten marinieren lassen.
c) Stellen Sie Schüsseln mit traditionellem Sushi-Reis als Basis zusammen.
d) Mit marinierten Kichererbsen, Avocadoscheiben, Gurkenwürfeln und Julienne-Karotten belegen.
e) Mit Sesamkörnern und Noristreifen garnieren.

FRUCHT-SUSHI-SCHALEN

50.Pfirsich-Sushi-Schüssel

ZUTATEN:
- 2 Tassen zubereiteter traditioneller Sushi-Reis
- 1 großer Pfirsich, entkernt und in 12 Spalten geschnitten
- ½ Tasse Sushi-Reis-Dressing
- ½ Teelöffel Knoblauch-ChiliSoße
- Spritzer dunkles Sesamöl
- 1 Bund Brunnenkresse, dicke Stiele entfernt

Optionale Toppings
- Avocado
- Lachs
- Thunfisch

ANWEISUNGEN:

a) Bereiten Sie den Sushi-Reis und das zusätzliche Sushi-Reis-Dressing vor.

b) Die Pfirsichspalten in eine mittelgroße Schüssel geben. Fügen Sie das Sushi-Reis-Dressing, die Knoblauch-Chili-Soße und das dunkle Sesamöl hinzu.

c) Geben Sie den Pfirsichen eine kräftige Wendung in die Marinade, bevor Sie sie abdecken.

d) Lassen Sie die Pfirsiche mindestens 30 Minuten und bis zu 1 Stunde lang in der Marinade bei Zimmertemperatur fest werden.

e) Befeuchten Sie Ihre Fingerspitzen, bevor Sie eine halbe Tasse des zubereiteten Sushi-Reis in jede Schüssel geben.

f) Die Oberfläche des Reises vorsichtig flach drücken.

g) Verteilen Sie die Beläge gleichmäßig in einem attraktiven Muster auf jeder Schüssel, so dass pro Portion drei Pfirsichscheiben übrig bleiben.

h) Mit einer Gabel und SojaSoße zum Dippen servieren.

51. Orangefarbene Sushi-Becher

ZUTATEN:
- 1 Tasse zubereiteter traditioneller Sushi-Reis
- 2 kernlose Nabelorangen
- 2 Teelöffel Pflaumenmus
- 2 Teelöffel geröstete Sesamkörner
- 4 große Shiso-Blätter oder Basilikumblätter
- 4 Teelöffel gehackte Frühlingszwiebeln, nur die grünen Teile
- 4 Krabbenstäbchenimitat, Beinform
- 1 Blatt Nori

ANWEISUNGEN:
a) Bereiten Sie den Sushi-Reis vor.
b) Die Orangen quer halbieren. Entfernen Sie eine kleine Scheibe von der Unterseite jeder Hälfte, sodass jede einzelne flach auf dem Schneidebrett liegt. Entfernen Sie mit einem Löffel das Innere jeder Hälfte. Bewahren Sie Säfte, Fruchtfleisch und Segmente für eine andere Verwendung auf, beispielsweise für Ponzu-Soße.
c) Tauchen Sie Ihre Fingerspitzen in Wasser und geben Sie etwa 2 Esslöffel des zubereiteten Sushi-Reis in jede Orangenschale.
d) Einen halben Teelöffel der eingelegten Pflaumenpaste über den Reis streichen. In jede Schüssel eine weitere Schicht Reis mit 2 Esslöffeln geben. Streuen Sie einen halben Teelöffel der gerösteten Sesamkörner über den Reis.
e) Stecken Sie ein Shiso-Blatt in die Ecke jeder Schüssel. In jeder Schüssel 1 Teelöffel Frühlingszwiebeln vor den Shiso-Blättern anhäufen. Nehmen Sie die künstlichen Krabbenstäbchen und reiben Sie sie zwischen Ihren Handflächen, um sie zu zerkleinern, oder schneiden Sie sie mit einem Messer in Stücke. Auf jede Schüssel ein Stück Krabben stapeln.
f) Zum Servieren das Nori mit einem Messer in Streichholzschnitzel schneiden. Belegen Sie jede Schüssel mit einigen Norischnitzeln. Mit SojaSoße servieren.

52.Tropische Paradies-Früchte-Sushi-Schüssel

ZUTATEN:
- 1 Tasse Sushi-Reis, gekocht
- 1 Mango, in Scheiben geschnitten
- 1 Kiwi, in Scheiben geschnitten
- 1/2 Tasse Ananas, gewürfelt
- 1/4 Tasse Kokosraspeln
- 2 Esslöffel schwarze Sesamkörner
- Honig zum Beträufeln

ANWEISUNGEN:
a) Geben Sie den gekochten Sushi-Reis in eine Schüssel.
b) Die Mango-, Kiwi- und Ananasscheiben auf dem Reis anrichten.
c) Streuen Sie Kokosraspeln und schwarzen Sesam über die Früchte.
d) Honig über die Schüssel träufeln.
e) Servieren und genießen!

53. Beere Wonne Obst-Sushi-Schüssel

ZUTATEN:
- 1 Tasse Sushi-Reis, gekocht
- 1 Tasse gemischte Beeren (Erdbeeren, Blaubeeren, Himbeeren)
- 1 Banane, in Scheiben geschnitten
- 1/4 Tasse Müsli
- 2 Esslöffel Chiasamen
- Griechischer Joghurt als Topping

ANWEISUNGEN:
a) Den gekochten Sushi-Reis in einer Schüssel verteilen.
b) Die gemischten Beeren, Bananenscheiben und das Müsli darauf verteilen.
c) Streuen Sie Chiasamen über die Schüssel.
d) Einen Klecks griechischen Joghurt als Beilage oder darüber geben.
e) Sofort servieren.

54. Citrus GenussfruchtSushi-Schüssel

ZUTATEN:
- 1 Tasse Sushi-Reis, gekocht
- 1 Orange, segmentiert
- 1 GrapeObst, segmentiert
- 1/2 Tasse Granatapfelkerne
- Minzblätter zum Garnieren
- 2 Esslöffel Pistazien, gehackt

ANWEISUNGEN:
a) Geben Sie den gekochten Sushi-Reis in eine Schüssel.
b) Ordnen Sie die Orangen- und GrapeObstsegmente darauf an.
c) Granatapfelkerne und gehackte Pistazien über die Früchte streuen.
d) Mit frischen Minzblättern garnieren.
e) Servieren und genießen Sie die zitrische Köstlichkeit.

55.Schokoladen-Bananen-Frucht-Sushi-Schüssel

ZUTATEN:
- 1 Tasse Sushi-Reis, gekocht
- 2 Bananen, in Scheiben geschnitten
- 2 Esslöffel Kakaopulver
- 2 Esslöffel Ahornsirup
- 1/4 Tasse Schokoladenstückchen
- Mandeln zum Garnieren

ANWEISUNGEN:
a) Kakaopulver und Ahornsirup unter den gekochten Sushi-Reis mischen.
b) Geben Sie den Reis mit Schokoladengeschmack in eine Schüssel.
c) Bananenscheiben darauf legen und mit Schokoladenstückchen bestreuen.
d) Fügen Sie gehackte Mandeln hinzu, um eine knusprige Konsistenz zu erhalten.
e) Servieren und genießen Sie den Schokoladen-Bananen-Genuss.

56.Apfel-Zimt-Brötchen-Frucht-Sushi-Schüssel

ZUTATEN:
- 1 Tasse Sushi-Reis, gekocht
- 1 Apfel, in dünne Scheiben geschnitten
- 2 Esslöffel Zimtzucker
- 1/4 Tasse Rosinen
- 1/4 Tasse gehackte Walnüsse
- Griechischer Joghurt als Topping

ANWEISUNGEN:
a) Den gekochten Sushi-Reis in einer Schüssel verteilen.
b) Die Apfelscheiben darauf anrichten.
c) Zimtzucker, Rosinen und gehackte Walnüsse über die Schüssel streuen.
d) Für einen cremigen Abschluss einen Klecks griechischen Joghurt hinzufügen.
e) Genießen Sie die Apfel-Zimt-Güte!

57.Kiwi-Erdbeer-Minz-Früchte-Sushi-Schüssel

ZUTATEN:
- 1 Tasse Sushi-Reis, gekocht
- 2 Kiwis, in Scheiben geschnitten
- 1 Tasse Erdbeeren, in Scheiben geschnitten
- Frische Minzblätter
- 2 Esslöffel Honig
- 1/4 Tasse gehobelte Mandeln

ANWEISUNGEN:
a) Geben Sie den gekochten Sushi-Reis in eine Schüssel.
b) Kiwi- und Erdbeerscheiben darauf verteilen.
c) Mit frischen Minzblättern garnieren.
d) Honig über die Schüssel träufeln.
e) Für noch mehr Knusprigkeit gehobelte Mandeln darüber streuen.
f) Servieren und genießen Sie die erfrischenden Aromen.

58. Pina Colada Obst-Sushi-Schüssel

ZUTATEN:
- 1 Tasse Sushi-Reis, gekocht
- 1 Tasse Ananasstücke
- 1/2 Tasse Kokosflocken
- 1/4 Tasse Macadamianüsse, gehackt
- Kokosjoghurt als Topping
- Ananassaft zum Beträufeln

ANWEISUNGEN:
a) Den gekochten Sushi-Reis in einer Schüssel verteilen.
b) Ananasstücke darauf verteilen.
c) Kokosflocken und gehackte Macadamianüsse darüberstreuen.
d) Eine Kugel Kokosjoghurt als Beilage hinzufügen.
e) Ananassaft über die Schüssel träufeln.
f) Tauchen Sie ein in die tropischen Aromen!

59. Mango Avocado Wonne Obst Sushi Schüssel

ZUTATEN:
- 1 Tasse Sushi-Reis, gekocht
- 1 Mango, gewürfelt
- 1 Avocado, in Scheiben geschnitten
- 1/4 Tasse rote Zwiebel, fein gehackt
- 2 Esslöffel Koriander, gehackt
- Limettenschnitze zum Servieren

ANWEISUNGEN:
a) Geben Sie den gekochten Sushi-Reis in eine Schüssel.
b) Mango- und Avocadostücke darauf verteilen.
c) Gehackte rote Zwiebeln und Koriander darüberstreuen.
d) Für einen zusätzlichen Geschmackskick mit Limettenspalten servieren.
e) Genießen Sie die Fusion aus Mango- und Avocado-Glück!

RINDFLEISCH-SUSHI-SCHALEN

60.Teriyaki-Rindfleisch -Sushi-Schüssel

ZUTATEN:
- 1 Pfund Rinderfilet oder Flanksteak, in dünne Scheiben geschnitten
- 1/4 Tasse SojaSoße
- 2 Esslöffel Mirin
- 1 Esslöffel Honig
- 1 Esslöffel Sesamöl
- 1 Teelöffel geriebener Ingwer
- 1 Knoblauchzehe, gehackt
- 2 Tassen gekochter traditioneller Sushi-Reis
- Geschnittene Frühlingszwiebeln und Sesamsamen zum Garnieren

ANWEISUNGEN:
a) In einer Schüssel SojaSoße, Mirin, Honig, Sesamöl, geriebenen Ingwer und gehackten Knoblauch vermischen, um die Marinade herzustellen.
b) Dünn geschnittenes Rindfleisch in die Marinade geben und mindestens 30 Minuten im Kühlschrank lagern.
c) Das marinierte Rindfleisch in einer heißen Pfanne scharf anbraten, bis es Ihren Wünschen entspricht.
d) Stellen Sie Schüsseln mit traditionellem Sushi-Reis als Basis zusammen.
e) Mit Teriyaki-Rindfleisch, geschnittenen Frühlingszwiebeln und Sesam belegen. Servieren und genießen!

61. Koreanische Bulgogi-Rindfleisch-Sushi-Schüssel

ZUTATEN:
- 1 Pfund Rinder-Ribeye, in dünne Scheiben geschnitten
- 1/4 Tasse SojaSoße
- 2 Esslöffel brauner Zucker
- 1 Esslöffel Sesamöl
- 1 Esslöffel Mirin
- 2 Frühlingszwiebeln, in Scheiben geschnitten
- 1 Karotte, Julienne
- 2 Tassen gekochter traditioneller Sushi-Reis
- Kimchi zum Garnieren

ANWEISUNGEN:
a) SojaSoße, braunen Zucker, Sesamöl und Mirin vermischen, um die Marinade herzustellen.
b) In der Mischung dünn geschnittenes Rindfleisch mindestens 1 Stunde marinieren.
c) Das marinierte Rindfleisch in einer heißen Pfanne kochen, bis es karamellisiert und durchgegart ist.
d) Kreieren Sie Schüsseln mit traditionellem Sushi-Reis als Basis.
e) Mit Bulgogi-Rindfleisch, geschnittenen Frühlingszwiebeln, julienierten Karotten und Kimchi belegen.

62. Thailändische Basilikum-Rindfleisch -Sushi-Schüssel

ZUTATEN:
- 1 Pfund Rinderfilet, in dünne Scheiben geschnitten
- 1/4 Tasse SojaSoße
- 2 Esslöffel AusternSoße
- 1 Esslöffel FischSoße
- 1 Esslöffel brauner Zucker
- 1 Tasse frische Basilikumblätter
- 1 rote Paprika, in Scheiben geschnitten
- 2 Tassen gekochter traditioneller Sushi-Reis
- Zerkleinerte Erdnüsse zum Garnieren

ANWEISUNGEN:

a) Für die Marinade SojaSoße, AusternSoße, FischSoße und braunen Zucker vermischen.

b) Marinieren Sie dünn geschnittenes Rindfleisch in der Mischung mindestens 30 Minuten lang.

c) Das marinierte Rindfleisch in einer heißen Pfanne anbraten, bis es braun und durchgegart ist.

d) Stellen Sie Schüsseln mit traditionellem Sushi-Reis als Basis zusammen.

e) Mit Thai-Basilikum-Rindfleisch, geschnittener roter Paprika und frischen Basilikumblättern belegen. Mit zerstoßenen Erdnüssen garnieren.

63. Würzige Sushi-Schüssel mit Sriracha-Rindfleisch

ZUTATEN:
- 1 Pfund Rinderfilet, in dünne Scheiben geschnitten
- 1/4 Tasse SojaSoße
- 2 Esslöffel Sriracha-Soße
- 1 Esslöffel Honig
- 1 Esslöffel Limettensaft
- 1 Tasse geriebener Kohl
- 1 Mango, gewürfelt
- 2 Tassen gekochter traditioneller Sushi-Reis
- Gehackter Koriander zum Garnieren

ANWEISUNGEN:

a) SojaSoße, Sriracha-Soße, Honig und Limettensaft vermischen, um die Marinade herzustellen.

b) Marinieren Sie dünn geschnittenes Rindfleisch in der Mischung mindestens 30 Minuten lang.

c) Das marinierte Rindfleisch in einer heißen Pfanne anbraten, bis es braun und durchgegart ist.

d) Stellen Sie Schüsseln mit traditionellem Sushi-Reis als Basis zusammen.

e) Mit würzigem Sriracha-Rindfleisch, geriebenem Kohl und gewürfelter Mango belegen. Mit gehacktem Koriander garnieren.

64. Knoblauch-Limetten-Felsensteak-Sushi-Schüssel

ZUTATEN:
- 1 Pfund Felsensteak, in dünne Scheiben geschnitten
- 1/4 Tasse SojaSoße
- 2 Esslöffel Olivenöl
- 3 Knoblauchzehen, gehackt
- Schale und Saft von 1 Limette
- 1 rote Zwiebel, in dünne Scheiben geschnitten
- 1 Tasse Kirschtomaten, halbiert
- 2 Tassen gekochter traditioneller Sushi-Reis
- Frische Petersilie zum Garnieren

ANWEISUNGEN:

a) In einer Schüssel SojaSoße, Olivenöl, gehackten Knoblauch, Limettenschale und Limettensaft zu einer Marinade vermischen.

b) Marinieren Sie dünn geschnittene Felsensteaks in der Mischung mindestens 30 Minuten lang.

c) Kochen Sie das marinierte Steak in einer heißen Pfanne, bis es Ihren Wünschen entspricht.

d) Stellen Sie Schüsseln mit traditionellem Sushi-Reis als Basis zusammen.

e) Mit Knoblauch-Limetten-Felsensteak, geschnittenen roten Zwiebeln und Kirschtomaten belegen. Mit frischer Petersilie garnieren.

65.Koriander-Limetten-Rindfleisch-Sushi-Schüssel

ZUTATEN:
- 1 Pfund Rinderfilet, in dünne Scheiben geschnitten
- 1/4 Tasse SojaSoße
- 2 Esslöffel Limettensaft
- 1 Esslöffel FischSoße
- 2 Teelöffel Honig
- 1 Tasse Jicama, Julienne
- 1 rote Paprika, in dünne Scheiben geschnitten
- 2 Tassen gekochter traditioneller Sushi-Reis
- Zerkleinerte Erdnüsse zum Garnieren

ANWEISUNGEN:
a) Für die Marinade SojaSoße, Limettensaft, FischSoße und Honig vermischen.
b) Marinieren Sie dünn geschnittenes Rindfleisch in der Mischung mindestens 30 Minuten lang.
c) Das marinierte Rindfleisch in einer heißen Pfanne anbraten, bis es braun und durchgegart ist.
d) Kreieren Sie Schüsseln mit traditionellem Sushi-Reis als Basis.
e) Mit Koriander-Limetten-Rindfleisch, julienned Jicama, geschnittener roter Paprika und zerstoßenen Erdnüssen belegen.

66.Rauchig Chipotle Beef Sushi Schüssel

ZUTATEN:
- 1 Pfund Rinderfilet, in dünne Scheiben geschnitten
- 1/4 Tasse SojaSoße
- 2 Esslöffel Adobo-Soße (aus Chipotle-Paprika aus der Dose)
- 1 Esslöffel Honig
- 1 Teelöffel geräuchertes Paprikapulver
- 1 Avocado, in Scheiben geschnitten
- 1 Tasse schwarze Bohnen, abgetropft und abgespült
- 2 Tassen gekochter traditioneller Sushi-Reis
- Geschnittene Frühlingszwiebeln zum Garnieren

ANWEISUNGEN:

a) SojaSoße, Adobo-Soße, Honig und geräuchertes Paprikapulver verrühren, um die Marinade herzustellen.

b) Marinieren Sie dünn geschnittenes Rindfleisch in der Mischung mindestens 30 Minuten lang.

c) Das marinierte Rindfleisch in einer heißen Pfanne anbraten, bis es braun und durchgegart ist.

d) Stellen Sie Schüsseln mit traditionellem Sushi-Reis als Basis zusammen.

e) Mit rauchigem Chipotle-Rind, geschnittener Avocado, schwarzen Bohnen und geschnittenen Frühlingszwiebeln belegen.

67. Hoisin-Ingwer-Rindfleisch-Sushi-Schüssel

ZUTATEN:
- 1 Pfund Rinderfilet, in dünne Scheiben geschnitten
- 1/4 Tasse HoisinSoße
- 2 Esslöffel SojaSoße
- 1 Esslöffel Reisessig
- 1 Esslöffel geriebener Ingwer
- 1 Tasse Zuckerschoten, in Scheiben geschnitten
- 1 Karotte, Julienne
- 2 Tassen gekochter traditioneller Sushi-Reis
- Sesamsamen zum Garnieren

ANWEISUNGEN:
a) Für die Marinade HoisinSoße, SojaSoße, Reisessig und geriebenen Ingwer vermischen.
b) Marinieren Sie dünn geschnittenes Rindfleisch in der Mischung mindestens 30 Minuten lang.
c) Das marinierte Rindfleisch in einer heißen Pfanne anbraten, bis es braun und durchgegart ist.
d) Kreieren Sie Schüsseln mit traditionellem Sushi-Reis als Basis.
e) Mit Hoisin-Ingwer-Rindfleisch, geschnittenen Zuckerschoten und Julienne-Karotten belegen und mit Sesam bestreuen.

68. Steak- und Avocado-Sushi-Schüssel

ZUTATEN:

- 1 Tasse Sushi-Reis, gekocht
- 1 Tasse gegrilltes Steak, in Scheiben geschnitten
- 1 Avocado, in Scheiben geschnitten
- 1/4 Tasse Kirschtomaten, halbiert
- 1/4 Tasse rote Zwiebel, in dünne Scheiben geschnitten
- Balsamico-Glasur zum Beträufeln
- Frische Basilikumblätter zum Garnieren

ANWEISUNGEN:

a) Den gekochten Sushi-Reis in einer Schüssel verteilen.
b) In Scheiben geschnittene gegrillte Steaks darauf legen.
c) In Scheiben geschnittene Avocado, halbierte Kirschtomaten und dünn geschnittene rote Zwiebeln hinzufügen.
d) Balsamico-Glasur über die Schüssel träufeln.
e) Mit frischen Basilikumblättern garnieren.
f) Servieren und genießen Sie das köstliche Steak und die Avocado!

69.Sesam-Ingwer-Rindfleisch-Sushi-Schüssel

ZUTATEN:

- 1 Tasse Sushi-Reis, gekocht
- 1 Tasse mit Sesam und Ingwer mariniertes Rindfleisch, gekocht
- 1/2 Tasse Zuckererbsen, blanchiert
- 1/4 Tasse geraspelte Karotten
- 1/4 Tasse Rotkohl, in dünne Scheiben geschnitten
- Ingwer-Soja-Dressing zum Beträufeln
- Frühlingszwiebeln zum Garnieren

ANWEISUNGEN:

a) Den gekochten Sushi-Reis in einer Schüssel verteilen.
b) Gekochtes Sesam-Ingwer-Rindfleisch darauf legen.
c) Fügen Sie blanchierte Zuckererbsen, geraspelte Karotten und dünn geschnittenen Rotkohl hinzu.
d) Das Ingwer-Soja-Dressing über die Schüssel träufeln.
e) Mit gehackten Frühlingszwiebeln garnieren.
f) Servieren und genießen Sie die köstliche Sesam-Ingwer-Rindfleisch-Sushi-Schüssel!

70. Knusprige Rindfleisch-Tempura-Sushi-Schüssel

ZUTATEN:
- 1 Tasse Sushi-Reis, gekocht
- 1 Tasse Rindfleisch-Tempura, in Scheiben geschnitten
- 1/2 Tasse Avocado, in Scheiben geschnitten
- 1/4 Tasse eingelegter Ingwer
- 1/4 Tasse geriebener Nori (Algen)
- Tempura-Dip zum Beträufeln

ANWEISUNGEN:
a) Den gekochten Sushi-Reis in einer Schüssel verteilen.
b) Legen Sie geschnittenes Rindfleisch-Tempura darauf.
c) In Scheiben geschnittene Avocado und eingelegten Ingwer hinzufügen.
d) Streuen Sie geraspeltes Nori über die Schüssel.
e) Mit Tempura-Dip beträufeln.
f) Servieren und genießen Sie die knusprige und knusprige Beef-Tempura-Sushi-Schüssel!

71.Mexikanische Rindfleisch-Fajita-Sushi-Schüssel

ZUTATEN:
- 1 Tasse Sushi-Reis, gekocht
- 1 Tasse Rindfleisch-Fajita-Streifen, gegrillt
- 1/2 Tasse schwarze Bohnen, abgetropft und abgespült
- 1/4 Tasse Maiskörner, gegrillt
- 1/4 Tasse Kirschtomaten, geviertelt
- Soße und Sauerrahm als Topping
- Frischer Koriander zum Garnieren

ANWEISUNGEN:
a) Den gekochten Sushi-Reis in einer Schüssel verteilen.
b) Gegrillte Rindfleisch-Fajita-Streifen darauf legen.
c) Schwarze Bohnen, gegrillten Mais und geviertelte Kirschtomaten hinzufügen.
d) Mit Soße und Sauerrahm belegen.
e) Mit frischem Koriander garnieren.
f) Servieren und genießen Sie die mexikanisch inspirierte Rindfleisch-Fajita-Sushi-Schüssel!

72.Philly Käsesteak Sushi-Schüssel

ZUTATEN:

- 1 Tasse Sushi-Reis, gekocht
- 1 Tasse dünn geschnittenes Rindersteak, gekocht
- 1/2 Tasse Paprika, in dünne Scheiben geschnitten
- 1/4 Tasse karamellisierte Zwiebeln
- 1/4 Tasse Provolone oder geschmolzener Käse
- Hoagie-Soße zum Beträufeln
- Frische Petersilie zum Garnieren

ANWEISUNGEN:

a) Den gekochten Sushi-Reis in einer Schüssel verteilen.
b) Das gekochte Rindersteak darauflegen.
c) Fügen Sie dünn geschnittene Paprika und karamellisierte Zwiebeln hinzu.
d) Hoagie-Soße über die Schüssel träufeln.
e) Mit geschmolzenem Käse belegen.
f) Mit frischer Petersilie garnieren.
g) Servieren und genießen Sie die Aromen eines Philly Käsesteaks in Form einer Sushi-Schale!

73. Tango-Sushi-Schüssel mit Rindfleisch und Mango

ZUTATEN:
- 1 Tasse Sushi-Reis, gekocht
- 1 Tasse Rinderfiletstreifen, gegrillt
- 1/2 Tasse Mango, gewürfelt
- 1/4 Tasse rote Zwiebel, fein gehackt
- 1/4 Tasse Koriander, gehackt
- Mangovinaigrette zum Beträufeln
- Zerkleinerte Erdnüsse zum Garnieren

ANWEISUNGEN:
a) Den gekochten Sushi-Reis in einer Schüssel verteilen.
b) Gegrillte Rinderfiletstreifen darauf legen.
c) Gewürfelte Mango, fein gehackte rote Zwiebel und gehackten Koriander hinzufügen.
d) Mangovinaigrette über die Schüssel träufeln.
e) Mit zerstoßenen Erdnüssen garnieren.
f) Servieren und genießen Sie die süße und herzhafte Tango-Sushi-Schüssel mit Rindfleisch und Mango!

74. Satay-Rindfleisch-Sushi-Schüssel

ZUTATEN:
- 1 Tasse Sushi-Reis, gekocht
- 1 Tasse Rindfleischstreifen, mariniert und in SatéSoße gegrillt
- 1/2 Tasse Gurke, in Scheiben geschnitten
- 1/4 Tasse geraspelte Karotten
- 1/4 Tasse Erdnüsse, gehackt
- Satay-Soße zum Beträufeln
- Frische Minzblätter zum Garnieren

ANWEISUNGEN:
a) Den gekochten Sushi-Reis in einer Schüssel verteilen.
b) Gegrillte Saté-Rindfleischstreifen darauf legen.
c) Gurkenscheiben, geraspelte Karotten und gehackte Erdnüsse hinzufügen.
d) Satay-Soße über die Schüssel träufeln.
e) Mit frischen Minzblättern garnieren.
f) Servieren und genießen Sie die köstliche Satay Beef Sushi Schüssel!

SCHWEINESUSHI-SCHALEN

75. Sushi-Schüssel mit Schinken und Pfirsich

ZUTATEN:
- 2 Tassen zubereiteter traditioneller Sushi-Reis
- 1 großer Pfirsich, entkernt und in 12 Spalten geschnitten
- ½ Tasse Sushi-Reis-Dressing
- ½ Teelöffel Knoblauch-ChiliSoße
- Spritzer dunkles Sesamöl
- 4 Unzen Prosciutto, in dünne Streifen geschnitten
- 1 Bund Brunnenkresse, dicke Stiele entfernt

ANWEISUNGEN:
a) Bereiten Sie den Sushi-Reis und das zusätzliche Sushi-Reis-Dressing vor.
b) Die Pfirsichspalten in eine mittelgroße Schüssel geben. Fügen Sie das Sushi-Reis-Dressing, die Knoblauch-Chili-Soße und das dunkle Sesamöl hinzu. Die Pfirsiche vor dem Abdecken gut in der Marinade wenden. Lassen Sie die Pfirsiche mindestens 30 Minuten und bis zu 1 Stunde lang in der Marinade bei Zimmertemperatur fest werden.
c) Stellen Sie 4 kleine Servierschüsseln bereit. Befeuchten Sie Ihre Fingerspitzen, bevor Sie eine halbe Tasse (100 g) des zubereiteten Sushi-Reis in jede Schüssel geben. Die Oberfläche des Reises vorsichtig flach drücken. Verteilen Sie die Beläge gleichmäßig in einem attraktiven Muster auf jeder Schüssel, so dass pro Portion drei Pfirsichscheiben übrig bleiben. (Sie können den größten Teil der Flüssigkeit aus den Pfirsichen abtropfen lassen, bevor Sie sie auf die Schüsseln legen, aber tupfen Sie sie nicht tFelsenen.)
d) Nach Belieben mit einer Gabel und SojaSoße zum Dippen servieren.

76. Gegrillte kurze Rippchen-Sushi-Schüssel

ZUTATEN:
- 2 Tassen (400 g) traditioneller Sushi-Reis, schneller und einfacher Mikrowellen-Sushi-Reis oder brauner Sushi-Reis
- 500 g Schweinerippchen ohne Knochen
- 2 Esslöffel Rohzucker oder hellbrauner Zucker
- 1 Esslöffel Reisessig
- 2 Esslöffel Speiseöl
- 2 Teelöffel SojaSoße
- ½ Teelöffel gehackter Knoblauch
- 2 Esslöffel gehackter kristallisierter Ingwer
- ½ Avocado, geschält, entkernt und in dünne Scheiben geschnitten
- ¼ englische Gurke (japanische Gurke), entkernt und in Streifen geschnitten
- ¼ Tasse (60 g) getFelsennete Mango, in dünne Streifen geschnitten

ANWEISUNGEN:

a) Bereiten Sie den Sushi-Reis vor.
b) Reiben Sie die kurzen Rippchen mit dem Zucker ein. Reisessig, Speiseöl, SojaSoße und gehackten Knoblauch in einer mittelgroßen Schüssel vermischen. Legen Sie die Rippchen in die Schüssel und wenden Sie sie mehrmals, um sie zu bedecken. Decken Sie sie ab und lassen Sie sie 30 Minuten lang marinieren.
c) Erhitzen Sie Ihren Grill auf 260 °C. Legen Sie die kurzen Rippchen auf eine Grillpfanne oder ein Backblech. Pro Seite etwa 5 Minuten braten. Nehmen Sie die kurzen Rippen vom Blech und lassen Sie sie abkühlen. Schneiden Sie die kurzen Rippen in 1,25 cm große Stücke. (Wenn die kurzen Rippen Knochen haben, sollten Sie das Fleisch von den Knochen lösen.)
d) Stellen Sie 4 kleine Servierschüsseln bereit. Befeuchten Sie Ihre Fingerspitzen, bevor Sie eine halbe Tasse (100 g) Sushi-Reis in jede Schüssel geben. Die Oberfläche des Reises vorsichtig flach drücken. Streuen Sie einen halben Esslöffel des gehackten kristallisierten Ingwers über den Reis. Die kurzen Rippchen auf die 4 Schüsseln verteilen.
e) Ordnen Sie ¼ der Avocadoscheiben, Gurkenstäbchen und Mangostreifen in einem attraktiven Muster über der Reisschüssel an.
f) Auf Wunsch mit gesüßtem Sojasirup servieren.

77.Teriyaki-Schweinefleisch -Sushi-Schüssel

ZUTATEN:
- 1 Pfund Schweinefilet, in dünne Scheiben geschnitten
- 1/4 Tasse SojaSoße
- 2 Esslöffel Mirin
- 1 Esslöffel Honig
- 1 Esslöffel Sesamöl
- 1 Teelöffel geriebener Knoblauch
- 1 Gurke, in dünne Scheiben geschnitten
- 1 Tasse Ananasstücke
- 2 Tassen gekochter Sushi-Reis
- Frühlingszwiebeln zum Garnieren

ANWEISUNGEN:

a) SojaSoße, Mirin, Honig, Sesamöl und geriebenen Knoblauch zu einer Marinade verrühren.

b) Marinieren Sie dünn geschnittenes Schweinefleisch in der Mischung mindestens 30 Minuten lang.

c) Das marinierte Schweinefleisch in einer heißen Pfanne anbraten, bis es braun und durchgegart ist.

d) Stellen Sie Schüsseln mit Sushi-Reis als Basis zusammen.

e) Mit Teriyaki-Schweinefleisch, Gurkenscheiben und Ananasstücken belegen und mit Frühlingszwiebeln garnieren.

78. Würzige Sriracha-Schweinefleisch-Sushi-Schüssel

ZUTATEN:
- 1 Pfund Schweineschulter, in dünne Scheiben geschnitten
- 1/4 Tasse SojaSoße
- 2 Esslöffel Sriracha-Soße
- 1 Esslöffel Honig
- 1 Esslöffel Limettensaft
- 1 Tasse Rotkohl, geraspelt
- 1 Mango, gewürfelt
- 2 Tassen gekochter traditioneller Sushi-Reis
- Gehackter Koriander zum Garnieren

ANWEISUNGEN:
a) SojaSoße, Sriracha-Soße, Honig und Limettensaft zu einer Marinade verrühren.
b) Marinieren Sie dünn geschnittenes Schweinefleisch in der Mischung mindestens 30 Minuten lang.
c) Das marinierte Schweinefleisch in einer heißen Pfanne anbraten, bis es braun und durchgegart ist.
d) Kreieren Sie Schüsseln mit traditionellem Sushi-Reis als Basis.
e) Mit würzigem Sriracha-Schweinefleisch, geriebenem Rotkohl, Mangowürfeln belegen und mit gehacktem Koriander garnieren.

79. Ananas-Ingwer-Schweinefleisch-Sushi-Schüssel

ZUTATEN:
- 1 Pfund Schweinelende, in dünne Scheiben geschnitten
- 1/4 Tasse SojaSoße
- 2 Esslöffel Ananassaft
- 1 Esslöffel geriebener Ingwer
- 1 Esslöffel brauner Zucker
- 1 Tasse Edamame, gedünstet
- 1 rote Paprika, in dünne Scheiben geschnitten
- 2 Tassen gekochter traditioneller Sushi-Reis
- Sesamsamen zum Garnieren

ANWEISUNGEN:
a) SojaSoße, Ananassaft, geriebenen Ingwer und braunen Zucker verrühren, um die Marinade herzustellen.
b) Marinieren Sie dünn geschnittenes Schweinefleisch in der Mischung mindestens 30 Minuten lang.
c) Das marinierte Schweinefleisch in einer heißen Pfanne anbraten, bis es braun und durchgegart ist.
d) Stellen Sie Schüsseln mit traditionellem Sushi-Reis als Basis zusammen.
e) Mit Ananas-Ingwer-Schweinefleisch, gedünstetem Edamame, geschnittener roter Paprika belegen und mit Sesam bestreuen.

80. Koreanische BBQ-Schweinefleisch -Sushi- Schüssel

ZUTATEN:
- 1 Pfund Schweinerücken, in dünne Scheiben geschnitten
- 1/4 Tasse SojaSoße
- 2 Esslöffel Gochujang (koreanische rote Paprikapaste)
- 1 Esslöffel Sesamöl
- 1 Esslöffel brauner Zucker
- 1 Tasse Kimchi
- 1 Gurke, in Scheiben geschnitten
- 2 Tassen gekochter Sushi-Reis
- Sesamsamen zum Garnieren

ANWEISUNGEN:
a) SojaSoße, Gochujang, Sesamöl und braunen Zucker verrühren, um die Marinade herzustellen.
b) In der Mischung dünn geschnittenes Schweinefilet mindestens 30 Minuten marinieren.
c) Das marinierte Schweinefleisch in einer heißen Pfanne anbraten, bis es braun und durchgegart ist.
d) Stellen Sie Schüsseln mit Sushi-Reis als Basis zusammen.
e) Mit koreanischem BBQ-Schweinefleisch, Kimchi und Gurkenscheiben belegen und mit Sesam bestreuen.

81. Thailändische Basilikum-Schweinefleisch-Sushi-Schüssel

ZUTATEN:

- 1 Pfund Schweinehackfleisch
- 1/4 Tasse SojaSoße
- 2 Esslöffel AusternSoße
- 1 Esslöffel FischSoße
- 1 Esslöffel brauner Zucker
- 1 Tasse frische Basilikumblätter
- 1 Paprika, in dünne Scheiben geschnitten
- 2 Tassen gekochter traditioneller Sushi-Reis
- Zerkleinerte rote Paprikaflocken zum Garnieren

ANWEISUNGEN:

a) Mischen Sie in einer Schüssel SojaSoße, AusternSoße, FischSoße und braunen Zucker, um die Marinade herzustellen.

b) Schweinehackfleisch in einer Pfanne braten, bis es braun ist, dann die Marinade hinzufügen und kochen, bis die Soße eindickt.

c) Stellen Sie Schüsseln mit traditionellem Sushi-Reis als Basis zusammen.

d) Mit Thai-Basilikum-Schweinefleisch und geschnittener Paprika belegen und mit zerstoßenen roten Paprikaflocken garnieren.

82. BBQ Gezogenes SchweinefleischSushi Schüssel

ZUTATEN:
- 1 Pfund Pulled Pork
- 1/4 Tasse BBQ-Soße
- 2 Esslöffel Apfelessig
- 1 Esslöffel Honig
- 1 Tasse Krautsalatmischung
- 1/2 rote Zwiebel, in dünne Scheiben geschnitten
- 2 Tassen gekochter traditioneller Sushi-Reis
- Gehackte Frühlingszwiebeln zum Garnieren

ANWEISUNGEN:
a) In einer Schüssel Gezogenes Schweinefleischmit BBQ-Soße, Apfelessig und Honig vermischen.
b) Stellen Sie Schüsseln mit traditionellem Sushi-Reis als Basis zusammen.
c) Mit BBQ Pulled Pork, Krautsalatmischung und geschnittenen roten Zwiebeln belegen.
d) Mit gehackten Frühlingszwiebeln garnieren und diese vom BBQ inspirierte Sushi-Schüssel genießen!

83. Mit Apfelwein glasierte Schweinefleisch-Sushi-Schüssel

ZUTATEN:
- 1 Pfund Schweinefilet, in dünne Scheiben geschnitten
- 1/4 Tasse Apfelwein
- 2 Esslöffel SojaSoße
- 1 Esslöffel Dijon-Senf
- 1 Esslöffel Ahornsirup
- 1 Apfel, in dünne Scheiben geschnitten
- 1 Tasse Rotkohl, geraspelt
- 2 Tassen gekochter traditioneller Sushi-Reis
- Gehackte Petersilie zum Garnieren

ANWEISUNGEN:

a) Für die Glasur Apfelwein, SojaSoße, Dijon-Senf und Ahornsirup verrühren.

b) Dünn geschnittenes Schweinefilet mindestens 30 Minuten in der Glasur marinieren.

c) Das marinierte Schweinefleisch in einer heißen Pfanne anbraten, bis es braun und durchgegart ist.

d) Stellen Sie Schüsseln mit traditionellem Sushi-Reis als Basis zusammen.

e) Mit Apfelwein glasiertes Schweinefleisch, Apfelscheiben, geriebenen Rotkohl belegen und mit gehackter Petersilie garnieren.

84. Honig-Senf-Schweinefleisch-Sushi-Schüssel

ZUTATEN:
- 1 Pfund Schweinelende, in dünne Scheiben geschnitten
- 1/4 Tasse Dijon-Senf
- 2 Esslöffel Honig
- 1 Esslöffel SojaSoße
- 1 Esslöffel Olivenöl
- 1 Tasse Zuckererbsen, in Scheiben geschnitten
- 1 Paprika, gewürfelt
- 2 Tassen gekochter traditioneller Sushi-Reis
- Zerkleinerte Erdnüsse zum Garnieren

ANWEISUNGEN:
a) Mischen Sie in einer Schüssel Dijon-Senf, Honig, SojaSoße und Olivenöl, um die Marinade herzustellen.
b) In der Mischung dünn geschnittenes Schweinefilet mindestens 30 Minuten marinieren.
c) Das marinierte Schweinefleisch in einer heißen Pfanne anbraten, bis es braun und durchgegart ist.
d) Kreieren Sie Schüsseln mit traditionellem Sushi-Reis als Basis.
e) Mit Honig-Senf-Schweinefleisch, geschnittenen Erbsen, gewürfelter Paprika belegen und mit zerstoßenen Erdnüssen garnieren.

85. Würzige Schweinefleisch-Rollen-Sushi-Schüssel

ZUTATEN:
- 1 Tasse Sushi-Reis, gekocht
- 1 Tasse würzige Schweinswurst, zerbröselt und gekocht
- 1/2 Tasse Kimchi, gehackt
- 1/4 Tasse Gurke, gewürfelt
- 1/4 Tasse Avocado, in Scheiben geschnitten
- Sriracha-Mayonnaise zum Beträufeln
- Noristreifen zum Garnieren

ANWEISUNGEN:
a) Den gekochten Sushi-Reis in einer Schüssel verteilen.
b) Zerkrümelte und gekochte, scharf gewürzte Schweinswurst darauflegen.
c) Gehacktes Kimchi, Gurkenwürfel und Avocadoscheiben hinzufügen.
d) Sriracha-Mayonnaise über die Schüssel träufeln.
e) Mit Noristreifen garnieren.
f) Servieren und genießen Sie die würzigen Aromen von Schweinebrötchen!

86.Schweinebauch-Bibimbap-Sushi-Schüssel

ZUTATEN:
- 1 Tasse Sushi-Reis, gekocht
- 1 Tasse Schweinebauchscheiben, gegrillt oder gebraten
- 1/2 Tasse Spinat, sautiert
- 1/4 Tasse Karotten, julieniert und eingelegt
- 1/4 Tasse Sojasprossen, blanchiert
- Gochujang-Soße zum Beträufeln
- Sesamsamen zum Garnieren

ANWEISUNGEN:
a) Den gekochten Sushi-Reis in einer Schüssel verteilen.
b) Gegrillte oder gebratene Schweinebauchscheiben darauflegen.
c) Gebratenen Spinat, eingelegte Karotten und blanchierte Sojasprossen hinzufügen.
d) Gochujang-Soße über die Schüssel träufeln.
e) Zum Garnieren Sesam darüber streuen.
f) Servieren und genießen Sie die koreanisch inspirierte Bibimbap-Sushi-Schüssel mit Schweinebauch!

87. Sushi-Schüssel mit Schinken und Ananas

ZUTATEN:
- 1 Tasse Sushi-Reis, gekocht
- 1 Tasse Schinken, gewürfelt
- 1/2 Tasse Ananasstücke
- 1/4 Tasse rote Paprika, gewürfelt
- 1/4 Tasse Frühlingszwiebeln, in Scheiben geschnitten
- Süß-saure Soße zum Beträufeln
- Sesamsamen zum Garnieren

ANWEISUNGEN:
a) Den gekochten Sushi-Reis in einer Schüssel verteilen.
b) Den gewürfelten Schinken darauf legen.
c) Ananasstücke, gewürfelte rote Paprika und geschnittene Frühlingszwiebeln hinzufügen.
d) Süß-saure Soße über die Schüssel träufeln.
e) Zum Garnieren Sesam darüber streuen.
f) Servieren und genießen Sie die süße und herzhafte Kombination aus Schinken und Ananas!

88. Speck-Avocado-Sushi-Schüssel

ZUTATEN:
- 1 Tasse Sushi-Reis, gekocht
- 1 Tasse gekochter Speck, zerbröselt
- 1 Avocado, in Scheiben geschnitten
- 1/4 Tasse Kirschtomaten, halbiert
- 1/4 Tasse Rucola
- Ranch-Dressing zum Beträufeln
- Schnittlauch zum Garnieren

ANWEISUNGEN:
a) Den gekochten Sushi-Reis in einer Schüssel verteilen.
b) Den zerbröckelten gekochten Speck darauf legen.
c) In Scheiben geschnittene Avocado, halbierte Kirschtomaten und Rucola hinzufügen.
d) Das Ranch-Dressing über die Schüssel träufeln.
e) Mit gehacktem Schnittlauch garnieren.
f) Servieren und genießen Sie die köstliche Kombination aus Speck und Avocado!

89. Frühstücks-Sushi-Schüssel mit Wurst und Eiern

ZUTATEN:

- 1 Tasse Sushi-Reis, gekocht
- 1 Tasse Frühstückswurst, gekocht und zerbröselt
- 2 Eier, Rührei
- 1/4 Tasse Cheddar-Käse, gerieben
- 1/4 Tasse Paprika, gewürfelt
- Scharfe Soße zum Beträufeln
- Frische Petersilie zum Garnieren

ANWEISUNGEN:

a) Den gekochten Sushi-Reis in einer Schüssel verteilen.
b) Zerkrümelte Frühstückswurst darauflegen.
c) Rührei, geriebenen Cheddar-Käse und gewürfelte Paprika hinzufügen.
d) Heiße Soße über die Schüssel träufeln.
e) Mit frischer Petersilie garnieren.
f) Servieren und genießen Sie eine herzhafte, vom Frühstück inspirierte Sushi-Schüssel!

GEFLÜGEL-SUSHI-SCHALEN

90. Teriyaki-Hühnchen-Sushi-Schüssel

ZUTATEN:
- 1 Pfund Hähnchenbrust, in dünne Scheiben geschnitten
- 1/4 Tasse SojaSoße
- 2 Esslöffel Mirin
- 1 Esslöffel Honig
- 1 Esslöffel Sesamöl
- 1 Teelöffel geriebener Ingwer
- 1 Tasse Edamame, gedünstet
- 1 Avocado, in Scheiben geschnitten
- 2 Tassen gekochter Sushi-Reis
- Sesamsamen zum Garnieren

ANWEISUNGEN:
a) Für die Marinade SojaSoße, Mirin, Honig, Sesamöl und geriebenen Ingwer vermischen.
b) In der Mischung dünn geschnittene Hähnchenbrust mindestens 30 Minuten marinieren.
c) Das marinierte Hähnchen in einer heißen Pfanne braten, bis es braun und durchgegart ist.
d) Stellen Sie Schüsseln mit Sushi-Reis als Basis zusammen.
e) Mit Teriyaki-Hühnchen, gedünstetem Edamame und geschnittener Avocado belegen und mit Sesam bestreuen.

91. Mango-Soße-Hühnchen -Sushi-Schüssel

ZUTATEN:
- 1 Pfund Hähnchenschenkel, ohne Knochen und ohne Haut
- 1/4 Tasse Limettensaft
- 2 Esslöffel Honig
- 1 Teelöffel gemahlener Kreuzkümmel
- 1 Teelöffel Chilipulver
- 1 Mango, gewürfelt
- 1 rote Zwiebel, fein gehackt
- 2 Tassen gekochter traditioneller Sushi-Reis
- Frischer Koriander zum Garnieren

ANWEISUNGEN:
a) Limettensaft, Honig, gemahlenen Kreuzkümmel und Chilipulver zu einer Marinade vermischen.
b) Hähnchenschenkel mindestens 30 Minuten in der Mischung marinieren.
c) Grillen oder kochen Sie das marinierte Hähnchen, bis es vollständig gar ist.
d) Stellen Sie Schüsseln mit traditionellem Sushi-Reis als Basis zusammen.
e) Mit Mango-Soße-Hähnchen, Mangowürfeln, gehackten roten Zwiebeln belegen und mit frischem Koriander garnieren.

92. Süße Chili-Limetten-Hühnchen-Sushi-Schüssel

ZUTATEN:
- 1 Pfund Hähnchenfilets, in Streifen geschnitten
- 1/4 Tasse süße ChiliSoße
- 2 Esslöffel SojaSoße
- 1 Esslöffel Limettensaft
- 1 Esslöffel Honig
- 1 Tasse geriebener Rotkohl
- 1 Karotte, Julienne
- 2 Tassen gekochter traditioneller Sushi-Reis
- Gehackte Erdnüsse zum Garnieren

ANWEISUNGEN:
a) Für die Marinade süße ChiliSoße, SojaSoße, Limettensaft und Honig vermischen.
b) Hähnchenfilets in der Mischung mindestens 30 Minuten marinieren.
c) Das marinierte Hähnchen in einer heißen Pfanne braten, bis es braun und durchgegart ist.
d) Stellen Sie Schüsseln mit traditionellem Sushi-Reis als Basis zusammen.
e) Mit süßem Chili-Limetten-Hähnchen, geriebenem Rotkohl und Julienne-Karotten belegen und mit gehackten Erdnüssen garnieren.

93. Orange-Ingwer-glasierte Truthahn-Sushi-Schüssel

ZUTATEN:

- 1 Pfund gemahlener Truthahn
- 1/4 Tasse SojaSoße
- 2 Esslöffel Orangenmarmelade
- 1 Esslöffel Reisessig
- 1 Teelöffel geriebener Ingwer
- 1 Orange, segmentiert
- 1 Tasse geraspelte Karotten
- 2 Tassen gekochter traditioneller Sushi-Reis
- Geschnittene Frühlingszwiebeln zum Garnieren

ANWEISUNGEN:

a) In einer Schüssel SojaSoße, Orangenmarmelade, Reisessig und geriebenen Ingwer vermischen, um die Glasur herzustellen.
b) Den gemahlenen Truthahn anbraten, bis er braun ist, dann die Glasur hinzufügen und umrühren, bis er bedeckt ist.
c) Kreieren Sie Schüsseln mit traditionellem Sushi-Reis als Basis.
d) Mit Orangen-Ingwer-glasiertem Truthahn, Orangenstücken und geriebenen Karotten belegen und mit geschnittenen Frühlingszwiebeln garnieren.

94. Enten-Sushi-Schüssel

ZUTATEN:
- 1 Tasse Sushi-Reis, gekocht
- 1 Tasse gebratene Ente, zerkleinert
- 1/2 Tasse Gurke, julieniert
- 1/4 Tasse Karotten, streichholzgeschnitten
- 1/4 Tasse Radieschen, in dünne Scheiben geschnitten
- 2 Esslöffel SojaSoße
- 1 Esslöffel Reisessig
- 1 Esslöffel Mirin (süßer Reiswein)
- 1 Teelöffel Sesamöl
- Sesamsamen zum Garnieren
- Noristreifen zum Servieren

ANWEISUNGEN:
a) Mischen Sie in einer kleinen Schüssel SojaSoße, Reisessig, Mirin und Sesamöl, um das Dressing herzustellen.
b) Den gekochten Sushi-Reis in einer Schüssel verteilen.
c) Die gebratene Entenschnitzel auf den Reis legen.
d) Fügen Sie Julienne-Gurken, in Streichhölzer geschnittene Karotten und dünn geschnittene Radieschen hinzu.
e) Das Dressing über die Schüssel träufeln.
f) Mit Sesamkörnern garnieren.
g) Mit Noristreifen als Beilage zum Einwickeln oder Dippen servieren.
h) Genießen Sie die einzigartigen und herzhaften Aromen der Enten-Sushi-Schüssel!

95. Sushi-Schüssel mit Koriander-Limetten-Hühnchen und schwarzen Bohnen

ZUTATEN:
- 1 Pfund Hähnchenfilets, in Streifen geschnitten
- 1/4 Tasse Koriander, gehackt
- 2 Esslöffel Limettensaft
- 1 Esslöffel Olivenöl
- 1 Dose schwarze Bohnen, abgetropft und abgespült
- 1 rote Paprika, gewürfelt
- 2 Tassen gekochter traditioneller Sushi-Reis
- Avocadoscheiben zum Garnieren

ANWEISUNGEN:
a) In einer Schüssel gehackten Koriander, Limettensaft und Olivenöl vermischen, um die Marinade herzustellen.
b) Hähnchenfilets in der Mischung mindestens 30 Minuten marinieren.
c) Das marinierte Hähnchen in einer heißen Pfanne braten, bis es braun und durchgegart ist.
d) Stellen Sie Schüsseln mit traditionellem Sushi-Reis als Basis zusammen.
e) Mit Koriander-Limetten-Hühnchen, schwarzen Bohnen, gewürfelter roter Paprika belegen und mit Avocadoscheiben garnieren.

96. BBQ-Truthahn-Sushi-Schüssel

ZUTATEN:
- 1 Tasse Sushi-Reis, gekocht
- 1 Tasse gegrillter Truthahn, zerkleinert
- 1/2 Tasse Maiskörner
- 1/4 Tasse Rotkohl, in dünne Scheiben geschnitten
- 1/4 Tasse Koriander, gehackt
- BBQ-Soße zum Beträufeln
- Limettenschnitze zum Servieren

ANWEISUNGEN:
a) Den gekochten Sushi-Reis in einer Schüssel verteilen.
b) Legen Sie den zerkleinerten BBQ-Truthahn darauf.
c) Maiskörner, geschnittenen Rotkohl und gehackten Koriander hinzufügen.
d) BBQ-Soße über die Schüssel träufeln.
e) Für einen zusätzlichen Geschmackskick mit Limettenspalten servieren.
f) Genießen Sie die rauchige Köstlichkeit von BBQ-Truthahn!

97. Sesam-Ingwer-Hühnchen-Sushi-Schüssel

ZUTATEN:
- 1 Tasse Sushi-Reis, gekocht
- 1 Tasse Sesam-Ingwer-Hähnchen, in Scheiben geschnitten
- 1/2 Tasse Zuckererbsen, blanchiert
- 1/4 Tasse Paprika, in dünne Scheiben geschnitten
- Geschredderte Karotten
- Sesamsamen zum Garnieren
- Soja-Ingwer-Dressing zum Beträufeln

ANWEISUNGEN:
a) Den gekochten Sushi-Reis in einer Schüssel verteilen.
b) In Scheiben geschnittenes Sesam-Ingwer-Hähnchen darauf legen.
c) Fügen Sie blanchierte Zuckererbsen, geschnittene Paprika und geraspelte Karotten hinzu.
d) Zum Garnieren Sesam darüber streuen.
e) Soja-Ingwer-Dressing über die Schüssel träufeln.
f) Servieren und genießen Sie die köstlichen Sesam-Ingwer-Aromen!

98.Lachs-Avocado-Hühnchen-Sushi-Schüssel

ZUTATEN:
- 1 Tasse Sushi-Reis, gekocht
- 1 Tasse gegrilltes Hähnchen, zerkleinert
- 1/2 Tasse geräucherter Lachs, in Flocken
- 1 Avocado, in Scheiben geschnitten
- 1/4 Tasse Gurke, gewürfelt
- Wasabi-Mayonnaise zum Beträufeln
- Sesamsamen zum Garnieren

ANWEISUNGEN:
a) Den gekochten Sushi-Reis in einer Schüssel verteilen.
b) Das zerkleinerte gegrillte Hähnchen und die geräucherten Lachsflocken darauf legen.
c) In Scheiben geschnittene Avocado und gewürfelte Gurke hinzufügen.
d) Mit Wasabi-Mayonnaise beträufeln.
e) Mit Sesamkörnern garnieren.
f) Servieren und genießen Sie die Kombination aus Lachs-, Hühnchen- und Avocado-Geschmack!

99.Mango-Limetten-Truthahn-Sushi-Schüssel

ZUTATEN:
- 1 Tasse Sushi-Reis, gekocht
- 1 Tasse zerkleinerter Truthahn
- 1 Mango, gewürfelt
- 1/4 Tasse rote Zwiebel, fein gehackt
- Frischer Koriander, gehackt
- Limettenvinaigrette zum Beträufeln
- Zerkleinerte rote Paprikaflocken (optional)

ANWEISUNGEN:
a) Den gekochten Sushi-Reis in einer Schüssel verteilen.
b) Den zerkleinerten Truthahn darauf legen.
c) Gewürfelte Mango, gehackte rote Zwiebeln und frischen Koriander hinzufügen.
d) Mit Limettenvinaigrette beträufeln.
e) Fügen Sie für den Kick einen Hauch zerstoßener roter Paprikaflocken hinzu (optional).
f) Servieren und genießen Sie die süßen und würzigen Aromen!

100. Knusprige Tempura-Hühnchen-Sushi-Schüssel

ZUTATEN:

- 1 Tasse Sushi-Reis, gekocht
- 1 Tasse Tempura-Hähnchen, in Scheiben geschnitten
- 1/2 Tasse julienierte Karotten
- 1/4 Tasse Zuckerschoten, in Scheiben geschnitten
- Knusprige Röstzwiebeln zum Garnieren
- AalSoße zum Beträufeln
- Eingelegter Ingwer zum Garnieren

ANWEISUNGEN:

a) Den gekochten Sushi-Reis in einer Schüssel verteilen.
b) In Scheiben geschnittenes Tempura-Hähnchen darauf legen.
c) Julienne-Karotten und geschnittene Zuckerschoten hinzufügen.
d) Mit knusprigen Röstzwiebeln belegen.
e) Mit AalSoße beträufeln.
f) Mit eingelegtem Ingwer garnieren.
g) Servieren und genießen Sie das köstlich knusprige Tempura-Hähnchen!

ABSCHLUSS

Zum Abschluss unserer wunderbaren Reise durch „Das Handbuch zu eleganten Sushi-Schalen" hoffen wir, dass Sie die Freude erlebt haben, Ihr Sushi-Schalen-Erlebnis mit Kreativität und Eleganz zu bereichern. Jede Schüssel voll auf diesen Seiten ist eine Hommage an Geschmack, Ausgewogenheit und die Kunst der Präsentation – ein Beweis für die wunderbaren Möglichkeiten, die Sushi-Schalen bieten.

Ganz gleich, ob Sie die Einfachheit klassischer Sushi-Schüssel genossen, sich für einfallsreiche Kombinationen entschieden oder mit Ihren eigenen kreativen Wendungen experimentiert haben, wir sind davon überzeugt, dass diese Rezepte Ihre Begeisterung dafür geweckt haben, Ihre Sushi-Schüssel-Abenteuer auf ein neues Niveau zu heben. Möge das Konzept, elegante Sushi-Schalen zu kreieren, über die Zutaten und Techniken hinaus zu einer Quelle der Inspiration, des künstlerischen Ausdrucks und einer Hommage an die Freude werden, die das Kreieren personalisierter kulinarischer Erlebnisse mit sich bringt.

Möge „Das Handbuch zu eleganten Sushi-Schalen" Ihr vertrauenswürdiger Begleiter sein, während Sie die Welt der Sushi-Schalen weiter erkunden und Sie durch eine Vielzahl von Rezepten führen, die Ihren Genuss steigern und die Schönheit dieser Kochkunst hervorheben. Hier geht es darum, die Freude an Sushi-Schalen zu genießen, optisch atemberaubende Erlebnisse zu schaffen und die Eleganz zu genießen, die jede Schüssel voll mit sich bringt. Guten Appetit!

www.ingramcontent.com/pod-product-compliance
Lightning Source LLC
Chambersburg PA
CBHW071329110526
44591CB00010B/1083